尽善尽美　　弗求弗迪

保险100问系列

陈凤山 武效军 严彩霞 著

重疾险 100问

电子工业出版社
Publishing House of Electronics Industry
北京·BEIJING

内 容 简 介

这是一本系统讲解重疾险知识的普及读物。本书从基础知识、常见误区、要点分析、购买指南、保险理赔及常见问题6个角度，以大众经常遇到、容易产生误解的100个问题为切入点，通过案例描述、专业解析及延伸阅读，详细介绍重疾险的基本概念、功能、投（退）保及理赔等方面的知识，并针对大众对重疾险的常见误解进行分析，给出客观的解答。

通过阅读本书，保险从业者可以学习重疾险知识、提升业务能力，从而更好地服务客户；普通读者可以深入了解重疾险的内涵及其保障作用，从而更合理地配置重疾险。

未经许可，不得以任何方式复制或抄袭本书之部分或全部内容。
版权所有，侵权必究。

图书在版编目（CIP）数据

重疾险100问 ／ 陈凤山，武效军，严彩霞著．—北京：电子工业出版社，2023.3
（保险100问系列）
ISBN 978-7-121-44737-2

Ⅰ．①重… Ⅱ．①陈… ②武… ③严… Ⅲ．①医疗保险－保险业务－问题解答 Ⅳ．① F840.4-44

中国版本图书馆CIP数据核字(2022)第245238号

责任编辑：王陶然
印　　刷：鸿博昊天科技有限公司
装　　订：鸿博昊天科技有限公司
出版发行：电子工业出版社
　　　　　北京市海淀区万寿路173信箱　邮编：100036
开　　本：880×1230　1/32　印张：11　字数：245千字
版　　次：2023年3月第1版
印　　次：2025年6月第6次印刷
定　　价：69.00元

凡所购买电子工业出版社图书有缺损问题，请向购书店调换。若书店售缺，请与本社发行部联系，联系及邮购电话：（010）88254888，88258888。

质量投诉请发邮件至zlts@phei.com.cn，盗版侵权举报请发邮件至dbqq@phei.com.cn。

本书咨询联系方式：（010）68161512，meidipub@phei.com.cn。

前言
FOREWORD

2013年，当时的中国保监会决定，把每年的7月8日定为"全国保险公众宣传日"，主题是"保险，让生活更美好"。彼时，距离1815年保险在中国首次出现已经过去198年，离1979年全国保险工作会议决定恢复保险业务，也已过了34个春秋。

作为一种现代金融、法律工具，无论是在国家、社会层面，还是在企业、个人层面，保险都有着重要的、不可替代的价值，发挥着保障人民生命和财产安全的重大作用。根据银保监会[①]披露的数据可知，2021年全国保险业总计赔付保险金1.6万亿元，连续六年理赔超过万亿元。与此形成鲜明反差的是，社会上仍有一部分人对保险（尤其是人身保险）有着深深的误解，对基本的保险知识缺乏必要的了解。在我国已经成为全球第二大保险市场、全国保险公众宣传日已启动近10年的今天，这种反差需要被抹平。

为了消除大众对保险的误解、普及保险常识，我们策划了这套"保险100问系列"图书。

---

① 银保监会，即中国银行保险监督管理委员会。2023年3月，中共中央、国务院印发的《党和国家机构改革方案》中明确：在中国银行保险监督管理委员会基础上组建国家金融监督管理总局，统一负责除证券业之外的金融业监管，作为国务院直属机构，不再保留中国银行保险监督管理委员会。由于本书引用的文件仍然有效，为了不引起读者的混淆，本书仍保留银保监会的称谓。

这套书既是工具书,也是知识普及读物。我们根据每本书的主题,精选100个大众经常遇到、容易产生误解的问题,并给出专业的解答。当你在日常的工作和生活中碰到某个问题时,可以通过检索目录,有针对性地阅读相关章节。书中的案例描述、思维导图(表格)、延伸阅读部分,可以帮助你更好地理解、把握相关内容。你可以像使用字典一样使用这些书,解决遇到的具体问题。

这100个问题并不是随意堆放的。在设计每本书的目录时,我们除了考虑它实用、工具的属性,还要求问题与问题之间具有逻辑上的关联,即所有的问题组合在一起,能系统地体现相关主题的整体面貌。可以这么说,书中每个问题的解答都包含至少一个知识点,这些知识点相互结合,构成了这本书相关主题的完整图景。你可以像阅读一本普及读物一样,从第一页读到最后一页,以全面了解、学习相关主题的知识。

这套书既适合保险从业者,也适合保险消费者。经过几十年的发展,我国的商业保险市场正在进行专业化转型。在这个转型浪潮中,保险从业者,尤其是保险营销员这个群体,有的人掉队了,有的人在坚守,有的人取得了骄人的业绩。大浪淘沙,留下的是金子。最后能够在这个行业中闪闪发光的,一定是拥有专业能力的那一批人。这套书不仅是对相关问题的简单解答,还深入阐述了诸多问题背后的保险原理、法律依据、行业规范等。借助这套书,我们相信保险从业者的专业能力定能更上一层楼。

作为保险消费者,你既可以从实用角度阅读这套书,合理配置保险,也可以从"无用之用"的角度阅读这套书,了解保险业务背后的思维模式、科学原理。保险是一种有着诸多功能,因而也有着复杂结构的产品,保险消费者如果自己不了解一些保险知识,又遇到不够专业的保险营销员,就有可能踩到各种"坑",发生各种理赔纠纷。而遇到相关问题时如果能随手翻一翻这套书,也许就能避开一堆麻烦。从另一个角度讲,作为一种风险管理工具,保险是人类理性智慧的结晶。它是如何看待各种风险的?它是怎样通过巧妙地搭建一个架构,实现风险转移的?……通过保险的视角看世界,你会有惊喜的发现。这种"无用之用"的阅读,能帮你打开一道门,进入新天地。

《论语》里有一句大家耳熟能详的话:"学而时习之,不亦说乎?""学"固然重要,更重要的是能"习",也就是把学到的东西融入我们的精神和人格,应用到实践当中。这样"学"与"习",才能带来喜悦。对于这套书,我们希望你不仅能从中学到知识,还能把它利用起来,无论是为自己配置合适的保险产品,还是为客户提供更科学合理的保险规划,真正实现"保险,让生活更美好"。

保法城邦编辑部
2022 年 10 月

序言
PREFACE

1983年,保险史上发生了两件"大事":一件是重大疾病保险在南非诞生了,另一件是我本人在中国诞生了。当然,彼时的我和我的家人都不会想到,日后我和保险会结下不解之缘。

虽然我是学保险专业的,也在保险行业从业多年,但比较戏剧性的是,我第一次接触保险,是从"骗保"开始的。当时我还是个中学生,我的母亲被猫咬了,要打狂犬疫苗。下面这段对话发生在我们乡卫生院的诊室里。

大夫:"你妈妈有没有保险?"

我:"没有。"

大夫:"你有没有保险?"

我:"没有。"

大夫:"学校没有给你买保险吗?"

我:"好像有吧,我记得交过钱。"——那时,我还不知道这就是大名鼎鼎的学平险。

大夫:"那开你的名字吧。"

从业之后,我接触的第一位准客户对我说的第一句话是

"保险我可不要！"——我想这是很多同行都经常遇到的尴尬局面。那个时候我要是放弃了，我现在可能在另外一个行业发光发热呢。

2021年，我的一个客户拿到保险公司的理赔款后给我转了8万元表示感谢（当然我退还了），那时我很庆幸自己当初没有放弃。

2015年，我开始在互联网上公开讲保险课，至今已经七年多了。我做这件事的初心很简单，就是把我在这个行业中的点滴心得讲出来，没想到得到了很多人的关注。可能这本书能够出版，和我当初选择公开讲保险课有关吧。

这本书的主题是重疾险，写作风格沿袭了我一贯追求的"用人人都能听懂的话讲保险"，更像是"闲谈"而不是"上课"。我希望能跟大家以一种轻松的方式，交流有关重疾险的基本知识和常见误解。更多时候，我提供的是解答问题的思路要点，而不是教科书式的唯一正确答案。如果你读了之后能有自己的想法，或者想要反驳我，那正是我期待的。也许有人批评我这么写作不够严谨，我接受批评，欢迎反驳；但是，我坚持这种写法。

黄仁宇先生在《万历十五年》一书中写道："这些事件，表面看来虽似末端小节，但实质上却是以前发生大事的症结，也是将在以后掀起波澜的机缘。其间关系因果，恰为历史重点。"

人生和历史一样，一个小小的选择，再加上坚持，也许会在未来的某个时点得到一个不期而遇的惊喜。

那么，写了这本书的我，未来会遇到什么惊喜呢？读了这本书的你，未来又会遇到什么惊喜呢？

也许，只有时间知道答案吧。

但行好事，莫问前程。

陈凤山

2022 年 10 月于杭州

目录 CONTENTS

第一章 Chapter 1　基础知识：什么是重疾险

- 01　什么是重疾险？　2
- 02　重疾险有哪些种类？　6
- 03　重疾险都保哪些疾病？　10
- 04　重疾险的保险人、投保人、被保险人、受益人，相互之间是什么关系？　15
- 05　谁可以当被保险人和受益人？不带身故责任的重疾险也要指定受益人吗？　20
- 06　有了医疗险，还有必要买重疾险吗？　24
- 07　防癌险是什么？与重疾险有什么区别？　28
- 08　重疾险为什么又被称为"收入损失补充险"？　31
- 09　人体有上万种疾病，重疾险只保一二百种，够用吗？　34
- 10　保的疾病种类越多，这款重疾险就越好，是这样的吗？　37
- 11　意外伤害导致的重疾，重疾险也保吗？　40

第二章 Chapter 2　常见误区：投保是一种选择

- 12　重疾险保障的疾病都是"离死不远"的，到时候拿到钱又有什么用？　44

13	没有得重疾险保的那些疾病，保费岂不是白交了？	48
14	得了大病我就不治了，还要重疾险干吗？	53
15	以前没有保险都过来了，现在何必要买？	56
16	重疾险保障死和病，买它不是给自己下诅咒吗？	58
17	我家有钱，生病了也不用愁，干吗还要买重疾险？	61
18	保险收益太低了，其他投资方式不是更好吗？	63
19	为什么买保险容易患上"纠结症"？	67

第三章 要点分析：投保的影响因素
Chapter 3

20	健康有异常，能否购买重疾险？	72
21	体检报告难免有异常，怎么判断自己还能不能买重疾险？	76
22	除了疾病，还有什么因素会导致保险公司拒保？	88
23	被拒保会有记录吗？会影响其他保险公司的核保结果吗？	91
24	除外承保为何不减费？	94
25	投保重疾险时身体不好，无法按照标准体承保，如果承保后身体变好了，可以转为标准体吗？	96
26	有家族病史会影响重疾险的承保及理赔结果吗？	98
27	吸烟、饮酒对购买重疾险有影响吗？	100
28	职业影响买重疾险吗？如果投保后换工作怎么办？	102
29	我把医保卡借给别人用过，还能买重疾险吗？	104
30	我想买高保额的重疾险，保险公司要求体检，我不想体检怎么办？	107
31	为什么保险公司要求客户做健康告知？	110

32	如实告知，是我身体有任何毛病都得和保险公司说吗？	113
33	不如实告知，可能有什么后果？	116
34	不如实告知，只要扛过两年，保险公司就肯定会赔，是这样吗？	121
35	我跟卖保险的人说了身体状况，他说不用如实告知，我该怎么办？	127
36	为什么男性的保费普遍要比女性的高？	130
37	长期重疾险的交费期那么长，万一中途交不起保费怎么办？	133
38	我没交完的保费在什么情况下就可以不用交了？	137
39	各家保险公司的产品价格差异为什么这么大？	141

第四章 购买指南：投保不迷茫
Chapter 4

40	对于重疾险合同，我应该重点看什么？	146
41	保险公司为什么要设置免责条款？	149
42	保单复效后还有等待期吗？	153
43	重疾险真能提前给付保险金吗？	156
44	重疾险也有理财功能吗？	159
45	重疾险所承诺的增值服务是真的吗？怎么不在合同中约定？	163
46	重疾险合同中的某些条款约定不清，怎么办？	166
47	哪里可以找到各家保险公司的重疾险条款？	168
48	重疾险的多次赔付功能有没有意义？	170
49	买了重疾险之后，保额还能增加或减少吗？	173

50	怎样挑选性价比高的重疾险产品？	175
51	自己在网上买保险和找保险销售人员买，这两种方式有什么区别？	177
52	同一款重疾险产品，和不同的人买，有什么区别？	180
53	购买重疾险是不是要找大公司，不然保险公司破产了怎么办？	183
54	买重疾险有"促销"吗？	188
55	某款产品要停售了，我要不要抓紧买？	190
56	香港的重疾险更好吗？	192
57	跟保险销售人员买一样的保险，就不会吃亏了吧？	196
58	买重疾险时，保险公司为什么要问有没有在其他保险公司投保？	199
59	为什么不同保险公司的重疾险产品，保障的疾病名称相同，但理赔条件不同？	202
60	不同年龄阶段的人应该怎么配置重疾险？	205
61	家庭成员配置重疾险也讲究"先大人，后小孩"吗？	210
62	怎么给孩子配置重疾险？	212
63	我能给父母买重疾险吗？	215
64	重疾险该买多少保额？	219
65	重疾险是带身故责任的好，还是不带身故责任的好？	222
66	重疾险一定要买储蓄型的，不然我要是没得重疾，花的钱不就打水漂了吗？	225
67	定期重疾险和终身重疾险，选哪个好？	228
68	我能异地购买重疾险吗？	231
69	我想给我爱人买重疾险，但是他不同意，我可以私自给他买吗？	233

第五章 Chapter 5　保险理赔：流程、资料与注意事项

70	重疾险理赔的一般流程是什么？	238
71	重疾险理赔，都需要哪些资料？	242
72	发现自己得了病，是不是要先跟保险销售人员说？	247
73	重疾险理赔快不快？怎么查看各家保险公司的重疾险理赔速度？怎么才能快速理赔？	250
74	申请理赔有时效限制吗？	253
75	重疾险是不是确诊就可以理赔？	256
76	保险公司就是不想赔钱，不然的话，为什么买保险的时候不调查，理赔时却使劲查？	260
77	保险公司做理赔调查时，能查到被保险人在体检中心的记录吗？	264
78	哪些情况下，保险公司有可能会拒赔？	266
79	等待期内生病，重疾险赔不赔？	270
80	被保险人被他人伤害成重疾，能否申请重疾险的理赔？	273
81	我都做器官移植术了，还不算重大疾病吗？	277
82	原位癌也是癌症，为什么有的重疾险不赔？还有哪些癌症重疾险不赔？	279
83	得了艾滋病，重疾险能赔吗？	284
84	重疾险中的疾病终末期保障挺好的，可是医生不会给出终末期的诊断，怎么办？	286
85	我得了两种重疾，为什么保险公司只赔一个？	290
86	同一种疾病，为什么复发不赔？	294
87	在监狱里得了重疾，可以理赔吗？	297
88	在国内买的保险，在国外得了重疾能理赔吗？	300
89	我对保险公司的理赔结果不满意，怎么办？	304

90	理赔结果会受再保险公司影响吗？	307

第六章 常见问题：退保、回访和其他
Chapter 6

91	保险销售人员劝我退保，我该怎么办？	310
92	保险销售人员离职了，谁来服务我？	312
93	重疾险投保后，为什么要做回访？	315
94	我买的重疾险不合适，能退吗？	318
95	公务员买重疾险要不要申报？	321
96	为什么卖保险的人总讲爱与责任，而不好好讲产品？	323
97	疾病在变化，医疗技术在发展，重疾险合同一旦签订就无法改变，现在买了，将来会不会没用？	325
98	2021年甲状腺癌变为轻度疾病了，以后会不会有越来越多的重度疾病变为轻度疾病？	328
99	夫妻离婚时，重疾险保单如何分割？如果没有分割，投保人是前夫，我该怎么办？	330
100	欠了债，法院会强制执行我的重疾险保单吗？	334

Chapter 1

第一章

基础知识：
什么是重疾险

01 什么是重疾险？

叶子是我的同行，多年前我们见过一面。当时叶子刚从业不久，在专业知识上还不够丰富，所以请我陪她一同去见一位客户，帮她为客户详细介绍分红险。那次见面大家谈得很愉快，回来后没几天，客户就投保了分红险。

但是叶子并没有喜色，因为客户只投保了分红险，她推荐的包括重疾险、医疗险在内的健康保险，都被客户拒绝了。叶子说："如果客户出险，很可能会觉得保险是骗人的。我赠送了一份一年期的综合保险给她，但愿她第二年愿意投保健康保险。"

叶子之所以会有这样的担忧，是因为现实中确实存在很多这样的案例——客户自以为买了一份保险就万事大吉了，等到自己出现了健康问题，才发现买的保险并不是保障健康风险的，便认为保险是骗人的。

▶▶▶ **专业解析**

保险行业是一个很"怪"的行业，怪在哪里呢？就是有很多人，包括保险行业内的人，都觉得它不是一个普通的行业。我也不知道这种认知的根源在哪里，但是，这真的给我造成了许多困扰。

比如，你买了一辆小轿车，你应该不会抱怨这辆车不能用于拉货、搬家吧?因为拉货、搬家是货车应该有的功能。你更不会因为自己需要挖掘机的时候发现小轿车派不上用场,就觉得卖车的人是骗子吧?

但是,现实中有很多人觉得只要买了保险,无论出现什么风险,保险公司都应该赔钱。其实,保险和汽车一样,也有不同的分类和型号。不同的汽车有不同的用途,不同的保险也有不同的保障责任。

本书是围绕"重疾险"展开的。重疾险,全称重大疾病保险,也有人管这种保险叫"大病险"。根据《健康保险管理办法》,疾病保险"是指发生保险合同约定的疾病时,为被保险人提供保障的保险"。而重大疾病保险,顾名思义,就是"保险合同约定的疾病"相对来说比较"重大",通常是达到一定严重程度的恶性肿瘤、心肌梗死、脑卒中、器官移植等。

我们可以把保险公司看作一家工厂,重疾险是工厂的产品之一。投保重疾险的人叫"投保人",投保人买重疾险,是为了保障他所关心的人,即"被保险人";被保险人可以是投保人自己,也可以是其他人。

投保重疾险,保险公司会与投保人签订保险合同。在这份保险合同中,保险公司列举了一系列的疾病:重度疾病、中度疾病、轻度疾病,甚至有的产品的保险合同中还有"前症"[①]。每一种疾病都明确了赔付条件,只要被保险人达到合同约定的赔付条件,保险公司就会按照合同约定的保险金额(简称保额)进行理

[①] 前症,即比轻度疾病还要轻的疾病,属于可预防、治愈可能性比较高的疾病。

赔。请注意我的描述，这里并没有提到被保险人在疾病的治疗过程中花了多少医疗费用。实务中，经常有人错误地把重疾险理解成报销大病医疗费用的保险，其实，补偿医疗费用损失是医疗险的责任，而非重疾险的责任。重疾险和医疗险虽然都属于健康保险，却不是健康保险的全部，健康保险还包括其他类型的保险，比如护理险等。

另外，虽然都叫重疾险，但是不同保险公司的重疾险、同一家保险公司的不同重疾险产品，也存在差异。这就像不同的车企都会生产小轿车，但其外观、价格等各有不同；同一家车企也会针对消费者的多样化需求，生产不同类型的小轿车。

所以说，保险行业是一个普通的行业，和其他行业有许多共性。这一点，我会在本书中反复强调。

▶▶▶ **延伸阅读**

保险有很多的分类标准，比如本节案例中提到的分红险，以及与分红险对应的万能险、投连险等，就是按照保险产品的设计类型分类的。至于什么是"设计类型"，并非本书的重点，我就不做展开了。

按照保险责任进行分类，重疾险属于疾病保险，疾病保险属于健康保险，健康保险属于人身保险。你可以参照下图来理解它们之间的关系。

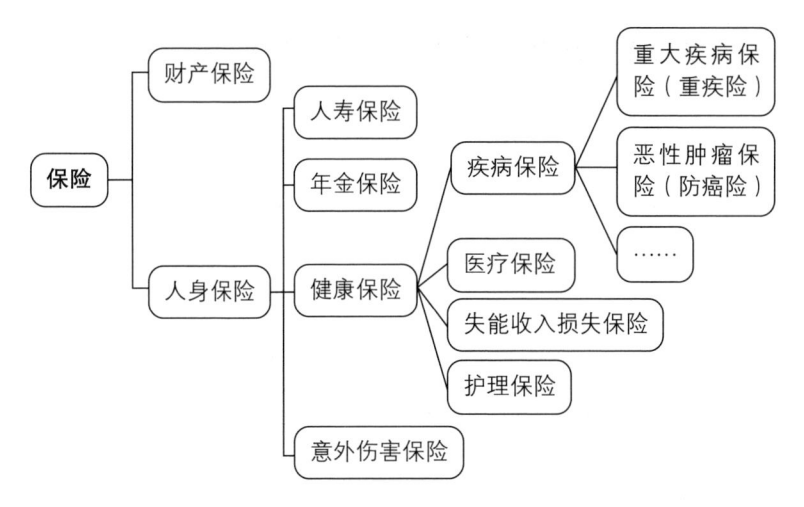

```
                    ┌─ 财产保险
                    │
                    │         ┌─ 人寿保险
                    │         │                              ┌─ 重大疾病保险（重疾险）
                    │         ├─ 年金保险          ┌─ 疾病保险 ├─ 恶性肿瘤保险（防癌险）
   保险 ────────────┤         │                   │          └─ ……
                    │         ├─ 健康保险 ────────┼─ 医疗保险
                    └─ 人身保险│                   ├─ 失能收入损失保险
                              │                   └─ 护理保险
                              │
                              └─ 意外伤害保险
```

本图根据《人身保险公司保险条款和保险费率管理办法（2015年修订）》绘制。

02 重疾险有哪些种类?

你是否参加过保险公司的"产说会"?产说会,全称产品说明会,就是保险公司把客户请过来,开个会,推介保险产品。这是一种一对多的销售模式。

我经常受邀做产说会的主讲人,一般我讲完后,会和现场的客户做个互动,也就是聊聊天。在某次产说会上,一位年轻的客户说:"我见过很多保险销售人员,他们都说自家的重疾险是市场上最好的产品。但是作为消费者,我听了这话反而更加不敢去配置重疾险了,因为重疾险的分类实在太多了。我想知道,市场上到底有多少种重疾险?"

▶▶▶ **专业解析**

截至2025年5月,我国共有90多家人身保险公司;财产保险公司比人身保险公司略少一些,但也有近90家。发行重疾险的,主要是人身保险公司。可以说,绝大多数的人身保险公司都会发行重疾险,而且一家公司不止发行一款重疾险,几十款重疾险同时在售也不是什么新鲜事。除此之外,财产保险公司也可以发行重疾险,但只限于一年期或一年期以下的短期重疾险。因此,消费者说自己"挑花了眼",实在再正常不过了。

实际上,重疾险本身并没有固定的分类方法。我按照市场的分类习惯，给大家简单地做个介绍。

一、按照保险期间分类

保险期间就是保险合同的期限，即被保险人可以享受保障的时长。根据保险期间的长短，重疾险可以分为三类。

1. 短期重疾险

短期重疾险一般由财产保险公司发行，保险期间多为一年期，短于一年期的重疾险在市场上比较少见。这种重疾险的特点是单次支出的保费很少，杠杆很大。比如，购买某一年期不含身故责任的重疾险，假设被保险人是一名30岁的男性，只需要109元就可以享受10万元的保额。

2. 定期重疾险

需要说明的是，短期重疾险也属于定期重疾险，我把短期重疾险和定期重疾险并列是不严谨的。之所以这样分类，是因为我们通常说的定期重疾险，其保险期间一般有几十年，有的保障20年或30年，有的保障到被保险人的某个年龄（如70岁或80岁）。

3. 终身重疾险

终身重疾险是保险期间为终身的重疾险，这也是市场上比较主流的类型。与定期重疾险相比，终身重疾险的保险期间更长，保费支出也更多。虽然如此，但我还是建议消费者优先配置终身重疾险。原因很简单，人的年龄越大，发生重疾的概率越高；但年龄越大，买保险越难。

二、按照是否带身故责任分类

1. 不带身故责任的重疾险

市场上习惯把这种重疾险叫作"消费型重疾险"。若被保险人在保险期间罹患重疾，达到了合同约定的赔付条件，那么保险公司就赔钱；若被保险人直到保险期满都没有罹患重疾，那么保费不退回，保险合同终止。

很多人觉得，投保这种重疾险，如果没发生理赔，保费就等于白交了。其实，这么说并不准确。除一年期重疾险外，很多不带身故责任的重疾险也是有现金价值（本书均指保险单的现金价值）的。也就是说，即使被保险人没有发生理赔，合同终止时，投保人也能或多或少地拿到保险公司退还的现金价值。关于现金价值的概念，我会在本书第44节做出解释。

2.带身故责任的重疾险

带身故责任且保障终身的重疾险通常被称为"储蓄型重疾险"。它的存在可以解决一个问题，就是不会出现"保费白交"的情况，因为人可能不会罹患重疾，但人不可能不会身故。实务中，我更建议投保人配置带身故责任且保障终身的重疾险，因为被保险人过世的时候，家属面对交了几十年保费的保单拿不回钱的情况，是很难接受的。

三、按照赔付次数分类

1.单次赔付的重疾险

单次赔付的重疾险，是指保险公司只赔付一次重度疾病，赔付以后保险合同终止。需要注意的是，目前市场上主流的重疾险都是多层次保障的，分重度疾病、中度疾病、轻度疾病等。很多单次赔付的重疾险虽然重度疾病只赔付一次，但是中度疾病和轻度疾病是赔付多次的。

2. 多次赔付的重疾险

多次赔付的重疾险，是指保险公司可以多次赔付重度疾病，即赔付一次重度疾病之后，保险合同继续有效。通常情况下，重疾险的多次赔付要求每次赔付的不能是同一种重度疾病；但也有些重疾险会针对高发的某一种或某几种重度疾病承担多次赔付的责任，最常见的就是癌症的多次赔付。还有些多次赔付的重疾险会对疾病进行分组，虽然多次赔付，但每次赔付的疾病必须在不同的组别中。

▶▶▶ 延伸阅读

除了前面介绍的几种重疾险类型，我们还可以对其做更加细致的分类。比如，根据被保险人所处的年龄段分类，可以分为少儿重疾险和成人重疾险；根据与其他保险产品的组合形态分类，可以分为返还型重疾险和分红型重疾险。我会在接下来的章节中加以解释。

还是那句话，保险行业是一个普通的行业。任何一个行业都会在细分领域做出许多创新，这是好事。既然你不会觉得汽车有很多分类是一种负担，那么也不必觉得重疾险分类多是一种负担。

不过，重疾险有这么多类型，消费者该如何选择呢？相信通过阅读本书后面各章节，你可以得出自己的结论。

03 重疾险都保哪些疾病？

有一次我正在餐厅吃饭，碰巧听到隔壁桌的两位年轻人在聊保险。看得出来，其中一位是我的同行，另一位是个小伙子，估计是准备买保险的客户。

谈话间，小伙子说他想给自己买份保险，但是不知道什么样的保险适合自己。那位同行极力给他推荐重疾险，所以小伙子询问了许多关于重疾险都保障哪些疾病的问题。那位同行一直试图把这些问题糊弄过去，奈何小伙子有一股打破砂锅问到底的劲头。最终，那位同行回答不上来，场面有些尴尬……

▶▶▶ **专业解析**

每个人都会成为某件商品的消费者。消费者在购买一件商品时，如果不清楚这件商品的主要功能，会下单吗？显然不会。消费者对待一般商品尚且如此，更别说对待保险这种可能会跟随自己终身的商品了。保险最主要的功能就是保障功能，但在保险行业，确实存在生产者或销售者说不清楚保险产品功能的情况。

本节案例中的尴尬场面其实经常发生。在我看来，这是保险行业产生理赔纠纷的根本原因之一。这个问题需要引起整个行业的重视。

重疾险所保障的疾病类型可以分为五种，分别是：①与恶性肿瘤相关的疾病，如肺癌；②与心脑血管相关的疾病，如较重急性心肌梗死；③与器官功能严重受损相关的疾病，如严重慢性肾衰竭；④与神经系统相关的疾病，如严重阿尔茨海默病；⑤其他重大疾病，如深度昏迷。

目前保险行业使用的重大疾病定义，是中国保险行业协会与中国医师协会联合发布的《重大疾病保险的疾病定义使用规范（2020年修订版）》（以下简称新规范）。新规范中共规定了28种重度疾病以及3种轻度疾病的疾病名称及疾病定义。31种重大疾病的疾病名称具体见下表。

31种重大疾病的疾病名称

恶性肿瘤——重度	较重急性心肌梗死	严重脑中风后遗症①	重大器官移植术或造血干细胞移植术
冠状动脉搭桥术	严重慢性肾衰竭	多个肢体缺失	急性重症肝炎或亚急性重症肝炎
严重非恶性颅内肿瘤	严重慢性肝衰竭	严重脑炎后遗症或严重脑膜炎后遗症	深度昏迷
双耳失聪	双目失明	瘫痪	心脏瓣膜手术
严重阿尔茨海默病	严重脑损伤	严重原发性帕金森病	严重Ⅲ度烧伤
严重特发性肺动脉高压	严重运动神经元病	语言能力丧失	重型再生障碍性贫血

① 脑中风的规范术语应为"脑卒中"。本书中"脑中风后遗症"的说法来自《重大疾病保险的疾病定义使用规范（2020年修订版）》，特此说明。

续表

主动脉手术	严重慢性呼吸衰竭	严重克罗恩病	严重溃疡性结肠炎
恶性肿瘤——轻度	较轻急性心肌梗死	轻度脑中风后遗症	

本表最后 3 种疾病为新增的 3 种轻度疾病。

新规范中还规定，保险公司若想将产品定名为重大疾病保险，至少要保障前 6 种疾病——这也是在实务中理赔率最高的 6 种疾病。但事实上，保险市场竞争这么激烈，只保障这 6 种疾病的重疾险产品几乎没有。各家保险公司发行的重疾险都在努力地扩大保障范围，除了新规范中规定的 31 种疾病，保险公司还会自行添加很多种疾病。因此，市场上主流的重疾险产品都会保障一二百种疾病，不仅有重度疾病和轻度疾病，中度疾病基本上也是标配，个别保险公司还保障比轻度疾病更轻的前症。下面是某款重疾险产品中对于"昏迷"的三种不同情况的疾病定义：

第一种：重度疾病。

> 深度昏迷　指因疾病或意外伤害导致意识丧失，对外界刺激和体内需求均无反应，昏迷程度按照格拉斯哥昏迷分级（GCS, Glasgow Coma Scale）结果为 5 分或 5 分以下，且已经持续使用呼吸机及其他生命维持系统 96 小时以上。
>
> 因酗酒或药物滥用导致的深度昏迷不在保障范围内。

第二种：中度疾病。

严重昏迷　处于昏迷的状态，对外界刺激或内在需要毫无反应。昏迷必须持续至少72个小时，并需要使用插管和机械性呼吸的方法来维持生命，但未达到重大疾病"深度昏迷"的给付标准。昏迷的诊断及有关证明必须在本公司认可的医疗机构内由神经专科医生确定。
因酗酒或滥用药物直接引起的昏迷不在保障范围内。

第三种：轻度疾病。

中度昏迷　指因疾病或意外伤害导致意识丧失，对外界刺激和体内需求均无反应，昏迷程度按照格拉斯哥昏迷分级（GCS）结果为5分或5分以下，且已经持续使用呼吸机及其他生命维持系统48小时以上，但未达到本合同所指重大疾病"深度昏迷"的标准。
因酗酒或药物滥用导致的昏迷不在保障范围内。

由以上条款我们可以知道，重度疾病、中度疾病、轻度疾病，患者的症状越来越轻，对患者的影响越来越小，因此重疾保险金的给付比例也越来越少。

▶▶▶ 延伸阅读

需要注意的是，重疾险合同中的每种疾病都有明确的理赔条件，如果不能达到这些理赔条件，则保险公司不予赔付。

不可否认的是，这些疾病定义对于许多人来讲，可能是"字都认识，放在一起就不知道是什么意思"的"天书"。但对于业内人士来讲，要认真对待对保险合同的学习，不可有畏难情绪。要知道，消费者投保重疾险，往往是终身的托付，销售人员要对得起这份信任。

04 重疾险的保险人、投保人、被保险人、受益人，相互之间是什么关系？

2019年，某市发生一起车祸。司机是丈夫范某，他在事故中身受重伤。他的妻子坐在副驾驶位置，当场死亡。这起交通事故看似简单，交警却发现了很多疑点。经过深入调查，警方认定，这是丈夫范某精心策划的一起"杀妻骗保"案。

尸检报告显示，死者胃里存在大量的镇静剂成分。而范某在近几年以融资、配资等形式投资股票，并且在多家小额贷款公司、网络借贷平台、银行贷款。截至案发时，范某的债务已经高达300万元。此前，范某的妻子作为投保人，在多家保险公司为自己投保了意外险、终身寿险、重疾险等保险，总计死亡保额高达800万元，而范某是唯一的身故受益人。为了获取巨额赔偿金，范某精心策划了这起交通事故。

人民法院一审判决，以故意杀人罪、保险诈骗罪，判处范某死刑，剥夺政治权利终身。

▶▶▶ 专业解析

我们可以把保险合同比作一张麻将桌，打麻将的四个人分别是保险人（通常指保险公司）、投保人、被保险人和受益人。保险合同是由投保人和保险人签订的，所以这场麻将是由这二位组的局，他们俩打对家；被保险人和受益人则是被投保人和保险人拉过来打麻将的，这样一副牌局就凑齐了。下面，我们来看看这四个人分别是干什么的。

1. 保险人

保险人是指与投保人订立保险合同，并按照合同约定承担赔偿或者给付保险金责任的保险公司。保险产品是由保险公司发行的。对于保险公司而言，"打麻将"是否讲信用，会直接关系到自己能否有长期的"牌友"。所以，一旦保险合同成立，哪怕客户只交了一期保费就出险了，保险公司也要按照合同约定进行赔付。

2. 投保人

投保人是指与保险人订立保险合同，并按照合同约定负有支付保险费义务的人。简单地说，投保人就是掏钱买保险的人。长期重疾险的保险期间可能长达几十年甚至与被保险人寿命等长，因此，投保人与保险人作为长期的"牌友"，必须互相信任才能"打得下去"。对于投保人来说，这种信任体现在如实告知义务上——投保人应当如实向保险公司告知被保险人的健康情况，这是保险合同能否生效的关键。除此之外，投保人还拥有退保的权利和对保单现金价值的所有权。

什么人才能做投保人呢？通常来说，投保人需要具备三个条件：第一，具有完全的民事权利能力和民事行为能力；第二，对保险标的必须有保险利益；第三，能够交纳保险费。

3. 被保险人

被保险人是指其财产或者人身受保险合同保障，享有保险金请求权的人。被保险人出现了合同约定的保险事故①，保险公司才会赔钱。在重疾险合同中也是如此，只有被保险人发生合同约定的疾病，并达到了相应的理赔条件，保险公司才会赔钱。

虽然是投保人掏钱买的保险，但保险保障的是被保险人。当然，投保人和被保险人可以是同一个人，也可以是不同的人。因为重疾保险金是给被保险人的，所以投保人在配置重疾险时最主要考虑的也是被保险人的需求。从这个角度来讲，可以说被保险人是重疾险合同的核心。

需要注意的是，并非所有的保险合同都是围绕被保险人的需求来配置的，比如增额终身寿险、定期寿险等。虽然被保险人享受保险合同约定的身故和全残保障，但配置增额终身寿险的投保人往往更关注现金价值的增长；而保单的现金价值又是属于投保人的资产，所以投保人才是增额终身寿险合同的核心。定期寿险则是围绕身故受益人的需求来配置的，因为投保人在投保定期寿险时，更多地考虑的是身故受益人能得到多少保险金，所以身故受益人才是定期寿险合同的核心。

4. 受益人

根据《中华人民共和国保险法》（以下简称《保险法》）的规定，受益人是指人身保险合同中由被保险人或者投保人指定的享有保险金请求权的人。也就是说，被保险人出了事，保险公司只会赔钱给受益人。

---

① 保险事故：保险合同约定的保险责任范围内的事故。本书中的多数定义均摘自《保险术语（GB/T 36687—2018）》（以下简称《保险术语》），下文将不再进行说明。

在重疾险合同中，受益人一般约定为被保险人本人。当被保险人发生合同约定的疾病并达到理赔条件时，就可以以受益人的身份拿到保险金。此外，很多重疾险还同时带有身故责任，即被保险人身故了，保险公司也会赔一笔钱，但这笔钱就不是给被保险人本人了，而是给身故受益人。

身故受益人由投保人或被保险人指定，可以指定为投保人本人。但需要注意的是，在指定身故受益人时一定要取得被保险人（或其监护人）的同意。身故受益人可以指定为一人，也可以指定为多人；受益比例可以平均分配，也可以按不同比例分配。

如果被保险人身故了，但是没有身故受益人，怎么办呢？此时身故保险金会作为被保险人的遗产，分配给被保险人的法定继承人。

需要注意的是，本书提到"受益人"时，如无特别说明，特指"身故受益人"，而不包括被保险人。

▶▶▶ **延伸阅读**

本节案例中的范某能不能拿到妻子的身故保险金呢？显然不能。

《保险法》

第四十三条第二款 受益人故意造成被保险人死亡、伤残、疾病的，或者故意杀害被保险人未遂的，该受益人丧失受益权。

所以，范某已经依法丧失了受益权。但是，保险公司仍然要赔付身故保险金，赔给谁呢？有其他身故受益人的，赔给其他身故受益人；没有其他身故受益人的，赔给范某妻子的法定继承人。

05 谁可以当被保险人和受益人？不带身故责任的重疾险也要指定受益人吗？

有位新人问我："投保人为什么要对被保险人有保险利益？"

我："保险公司担心投保人给被保险人买了保险之后，会通过伤害被保险人的方式骗保，进而威胁到被保险人的生命安全。"

新人："可是，即使骗保成功，也是受益人拿钱啊，只要受益人对被保险人有保险利益不就行了吗？"

我："……"

▶▶▶ **专业解析**

这位新人对保险利益原则有疑问。其实，这一点在实务中的确是存在争议的。

我还记得大学课堂上老师讲保险利益原则的时候，给我们举了个例子："你不能给咱们经济学院的大楼买保险，因为这栋楼不是你的，你没有保险利益，你不会因为保险事故受损。"

所谓"保险利益"，是指投保人或被保险人对保险标的所具有的法律上承认的经济利益，这种经济利益因保险标的的完好、健在而存在，因保险标的的损毁、伤害而受损。

保险利益原则产生于财产保险，扩展到人身保险，其适用性上确实有值得推敲的地方。在重疾险中，重疾保险金默认给被保险人本人，即使投保人对被保险人不具有保险利益也没有什么问题；如果重疾险还带有身故责任，身故保险金会付给身故受益人，而指定或变更身故受益人，都要经过被保险人的同意，因此，投保人对被保险人不具有保险利益，也没有什么问题。

这可能就是案例中那位新人的疑惑所在吧。但既然《保险法》做了这样的规定，我们在实务中肯定要这样执行。

《保险法》
第十二条第一款　人身保险的投保人在保险合同订立时，对被保险人应当具有保险利益。

如果你是投保人，谁可以做被保险人呢？也就是你可以给谁买重疾险呢？这在《保险法》中也是有明确规定的。

《保险法》
第三十一条　投保人对下列人员具有保险利益：
（一）本人；
（二）配偶、子女、父母；
（三）前项以外与投保人有抚养、赡养或者扶养关系的家庭其他成员、近亲属；
（四）与投保人有劳动关系的劳动者。
除前款规定外，被保险人同意投保人为其订立合同的，视为投保人对被保险人具有保险利益。

订立合同时，投保人对被保险人不具有保险利益的，合同无效。

通常情况下，保险公司只允许投保人给自己、配偶、子女、父母、祖父母、外祖父母、孙子女、外孙子女买重疾险，其他情况在实务中比较少见。

那么，买了重疾险之后，谁可以做受益人呢？重疾险的受益人就是被保险人本人，如果你买的重疾险带有身故责任，还需要指定身故受益人。《保险法》中对身故受益人的范围并没有限制，但实务中，保险公司一般只接受被保险人的配偶、子女、父母、祖父母、外祖父母、孙子女、外孙子女做身故受益人。

如果你买的是不带身故责任的重疾险，就不需要指定身故受益人，也就是没有身故受益人。但是在实务中有一部分保险公司会要求客户写上身故受益人。出现这种情况的原因要么是保险公司的个别经办人员不懂业务，要么是保险公司开发的系统是通用系统，没有把这个字段变为可选字段，导致客户如果不写身故受益人就无法进行下一步的投保操作。

需要特别注意的是，保险合同中约定的重疾保险金的受益人通常是被保险人本人，那么问题来了，如果被保险人达到了重疾保险金的理赔条件，但还没来得及理赔，就已经身故，这笔重疾保险金应当给谁呢？

答案是，这笔重疾保险金应当作为被保险人的遗产交给被保险人的法定继承人。

▶▶▶ **延伸阅读**

客户 Z 女士于 2016 年 11 月 10 日在某保险公司为自己的丈夫购买了保额为 50 万元的终身寿险,并且附加了 30 万元的提前给付重大疾病保险。身故受益人为 Z 女士。

2020 年,被保险人(Z 女士的丈夫)的双下肢出现散在紫癜,当时没有重视,直到 2021 年年初又出现了咳嗽、咽痛等症状,才赶往当地医院就诊。由于治疗一段时间后仍不见好转,二人前往上海就医。最终,被保险人被确诊为急性髓细胞性白血病。

2021 年 2 月至 5 月,被保险人在家属的陪同下多次前往上海住院治疗。随着住院次数的增加,家中的经济压力越来越大。

2021 年 5 月底,被保险人开始申请理赔。5 月 27 日,保险公司向被保险人支付了重度疾病保险金 30 万元。此次理赔不仅减轻了被保险人的经济压力,使其豁免了后期保费;而且,在被保险人身故以后,身故受益人(Z 女士)依然可以得到 20 万元的赔款。

"提前给付重大疾病保险"的好处就是,若得了重疾,作为生存受益人的被保险人拿钱;若被保险人身故,由身故受益人领取身故保险金,保险金不会成为被保险人的遗产。

06 有了医疗险,还有必要买重疾险吗?

朱先生是一名白领,过着"朝八晚六"的生活,周末经常加班。大学毕业的他,觉得生活就是这样,虽然辛苦,但也安稳。

2019年,朱先生在公司的例行体检中被查出甲状腺结节TI-RADS 4a(甲状腺结节有恶性的可能),半年后被确诊为甲状腺乳头状癌。虽然经过及时治疗,朱先生的病情得到了控制,但他还是心有余悸。手术后不久,朱先生就向公司递交了辞呈。

是什么让朱先生能够放下稳定的工作,好好休养身体呢?是四份重疾险。这四份重疾险分别向朱先生赔付了100万元、65万元、50万元、58万元,合计273万元。

▶▶▶ **专业解析**

对于绝大多数人来说,最重要的医疗保险其实是社会医疗保险,也就是我们常说的社保中的"医保"。如果你的经济条件不太好,就医的时候可以和医生说尽量用医保范围内的药品,医保可以报销大部分医疗费用。

但是,因为医保更注重的是"广覆盖"与"公平性",保障得很基础,有些疗效好的药未必在医保的报销范围之内。所以,如果经济条件允许,大多数人还是会追求更好的医疗品质,尤其是在关乎生命的时候。

这就催生了商业医疗保险的出现。实务中，医疗险和重疾险经常被混为一谈。二者虽然都属于健康保险，却有着完全不同的功能。我们投保医疗险是为了补偿医疗费用，而投保重疾险则是为了补偿医疗费用之外的收入损失，是为了在治疗之后更好地疗养。

什么是医疗险呢？与重疾险相同，医疗险也是投保人为了给自己关心的人（被保险人）以保障购买的一种保险产品。不同的是，医疗险的保险合同中列明了一系列的医疗行为，当被保险人发生合同中约定的医疗行为时，保险公司就会对发生该医疗行为所产生的医疗费用进行补偿。

简单地说，重疾险是只要被保险人罹患合同约定的疾病并达到赔付条件，保险公司就赔钱；至于被保险人拿到钱之后把它花在什么地方，保险公司不做限制。医疗险是被保险人患病时，由保险公司按照保险合同的约定，对被保险人接受诊疗期间的医疗费用支出，比如做手术、住院、护理、使用医疗设备等费用进行一定条件的补偿，但所有报销的费用不会超过实际医疗支出。一般情况下，被保险人需要先自己支付各项医疗费用，然后再找保险公司理赔。当然，也有部分医疗险产品附带"直付"[①]和"垫付"[②]功能。

关于重疾险与医疗险的区别，我们总结了一张表格。

[①] 直付：客户在医院的医疗费用由保险公司和医院直接结算，客户出院以后无须再申请理赔。
[②] 垫付：保险公司协助客户提前支付医疗费用，客户出院后拿相关发票、单据、住院病历等走理赔流程。

重疾险与医疗险的区别

项目	重疾险	医疗险
保障范围	罹患合同约定的疾病	发生合同约定的医疗行为
赔付方式	给付保额。达到合同约定的赔付条件,即可获得保险金。与治疗疾病产生的医疗费用无关	定额报销。对因治疗疾病产生的医疗费用进行报销
能否叠加赔付	可以	不可以
续保情况	不存在续保问题	一年期医疗险存在续保问题;保证续保的百万医疗险的费率可调
保费	保费相对较高	保费便宜
使用场景	保险金的使用无限制	仅限医疗费用的报销

总体来说,医疗险负责补偿看病的钱,重疾险负责补偿养病的钱。应对疾病,拥有"医疗险+重疾险"的组合,才算保障充足。

本节案例中的朱先生之所以能够放下工作,安心养病,最主要的原因是他拿到了四份重疾险的赔偿金。试想一下,如果没有这四份重疾险,只有一份医疗险,朱先生出院以后会如何?他很可能在报销完医疗费用后,依然要为了生活而继续工作。这就是为什么我经常和客户说,重疾险赔付的是"养病的钱"。

▶▶▶ 延伸阅读

很多人觉得重疾险比医疗险的保费要高,其实这种认知并不准确。首先,这是两个不同的保险品类,不能简单地对比价格;其次，哪怕是简单比较保费的消费者也会发现，重疾险的保费未必比医疗险高。

我们以当下最流行的百万医疗险为例。某款百万医疗险的被保险人是一位 10 岁的男孩，年保费是 302 元。如果从 10 岁一直续保到 80 岁，按照这份百万医疗险的费率来计算，需要支付的总保费是 103 047 元（通常医疗险每年的保费是不同的），而且这些钱是被消费掉的。另外，百万医疗险还可能面临保费调整、产品停售或其他原因导致的续保问题等。

如果同时为男孩投保一份保额为 50 万元的储蓄型重疾险，则每年交费 8294 元，交费期 20 年，总保费是 165 880 元。若这个孩子一直没有发生重度疾病理赔，到 80 岁的时候，他所投保的重疾险保单的现金价值是 392 640 元。现金价值就是"退保金"，是投保人可以随时拿回来的钱。也就是说，如果他愿意，保费是可以退回来的，不但没有被消费掉，还赚了 1 倍多。

我并不是想说重疾险优于医疗险，这一点请你不要误解。重疾险和医疗险的作用各不相同，且各有优势。实务中，我大多会建议消费者对重疾险和医疗险进行组合配置，因为这两个保险品类是一对"黄金搭档"。这也是张新征医生[①]一直强调的"轻重搭配，保障到位"。

[①] 张新征，全科主治医师，重疾险条款解读专家，任中国健康管理协会健康保险服务分会副秘书长、北京医学会全科分会青委会副主任委员，中国健康管理协会功能医学分会理事。

07 防癌险是什么？与重疾险有什么区别？

卖保险的："买个防癌险吧。"

消费者："干吗的？"

卖保险的："买了这个，防止得癌。"

消费者："太好了，我最怕癌症了，买了这个保险后就不会得癌了！"

卖保险的："并不是买了这个保险就不会得癌了，它只是在您得了癌症之后会赔您一笔钱。"

▶▶▶ 专业解析

"防癌险"其实是个俗称，它的学名是"恶性肿瘤保险"。防癌险当然不能起到"防癌"的作用，它只能在被保险人罹患癌症之后给付一笔钱。我们知道，癌症也是重大疾病的一种，如果罹患癌症，重疾险也会给付一笔钱。那这两者有什么区别呢？

1. 保障疾病范围不同

防癌险和重疾险都属于疾病保险，你可以简单地认为，在保障癌症这件事情上，防癌险与重疾险没有区别。但是，二者保障的疾病范围并不相同：防癌险保障的疾病只有恶性肿瘤；重疾险则保障一系列的重大疾病，恶性肿瘤只是其中之一。可以说，重疾险是多功能的疾病保险，防癌险是单一功能的疾病保险。

2. 可投保年龄不同

重疾险的可投保年龄一般在 60 周岁以下，而防癌险的可投保年龄一般能够达到 70 周岁。相比来看，防癌险的可投保年龄范围更广，可以作为中老年人的投保选择。

3. 保费不同

在保额相同的情况下，防癌险的保费要低于重疾险，因为重疾险保障的疾病范围比防癌险广。

当前的重疾险虽然所保疾病有一二百种，但理赔最多的，还是恶性肿瘤。因此，许多消费者会通过投保"重疾险 + 防癌险"的组合的方式，加强对恶性肿瘤的保障程度。举个例子来说，某客户投保保额为 50 万元的重疾险和保额为 50 万元的防癌险，针对最高发的癌症有 100 万元的保额，其他重疾则是 50 万元的保额，这样比直接投保 100 万元的重疾险要便宜许多，而且也保证罹患最高发的癌症时有相对充足的保障。

4. 核保宽松程度不同

由于防癌险的保险责任单一，核保条件会相对宽松一些。比如，保险公司对于糖尿病患者投保重疾险，基本上是拒保的，但防癌险很可能承保，因为没有任何证据表明糖尿病患者的癌症发病率更高。因此，有一些无法投保重疾险的人会选择防癌险。

此外，由于防癌险不保障癌症之外的其他疾病，对于被保险人的年龄和身体状况限制较小，所以其健康告知[①]也比重疾险更简单。

---

① 健康告知是指保险公司在接受客户投保申请时，要求其填写的关于健康情况的说明。

有些防癌险的健康告知仅有两项，而重疾险的健康告知一般会有十几项。

其实，像防癌险这种单一功能的疾病保险在实务中还有许多。目前市场上已有的单一功能的疾病保险还有心脑血管的疾病保险、脑卒中的疾病保险、糖尿病的疾病保险等，只不过它们没有像防癌险这样受关注。现在，也有保险公司探索新型冠状病毒肺炎（简称新冠肺炎）的疾病保险，但由于经验数据不足，暂时还没有办法用于实务。

▶▶▶ **延伸阅读**

市场上除了防癌险，还有防癌医疗险。防癌险属于疾病保险；防癌医疗险则属于医疗保险，也就是针对治疗癌症的医疗费用进行理赔的保险。

防癌险之于重疾险，是单一功能之于多功能；防癌医疗险之于医疗险，也是单一功能之于多功能。

08 重疾险为什么又被称为"收入损失补充险"?

2020年6月,我在给一位客户介绍重疾险时,告诉客户重疾险可以弥补收入损失。

客户很诧异地问我:"重疾险不是用来看病的吗?"

▶▶▶ 专业解析

本书读到这里,你应该已经了解,重疾险并不是用来看病的。坊间把重疾险称为"收入损失补充险",这种说法是怎么来的呢?我们一起来看一个故事。

重疾险不算十分古老的险种。南非有一位心脏外科医生,他的名字叫马里尤斯·巴纳德(Marius Barnard)。1967年,他与他同为心脏外科医生的兄弟一起,完成了世界上首例心脏移植手术。巴纳德一生救治了无数患者,但令他百思不得其解的是,许多患者术后根本没他预料得那么长寿。于是,他开始探究原因。

原来,这些患者在出院以后,没有遵照他的医嘱在家静养,而是一回家就忙里忙外,工作学习、买菜做饭、打扫屋子、接送孩子……这严重影响了手术效果。巴纳德很生气——这不是坏我名声嘛!于是他就问患者,为什么不按他的要求回家静养。患者告诉他:"要是静养的话,就没人养我的家、养我的孩子了。"

巴纳德这才明白，手术效果不仅取决于手术本身，还取决于患者家庭的经济状况。

1983年8月6日，巴纳德与南非当地一家名为Crusader的保险公司一起推出了一个全新的保险品种，这就是重疾险。[①]

这个故事说明了重疾险所具备的收入损失补偿作用。这也是巴纳德发明重疾险的初衷。

那么，重疾险被称为"收入损失补充险"对不对呢？有对的地方，也有不对的地方。

先说不对的地方。在《健康保险管理办法》中，有专门的失能收入损失保险。它是指以保险合同约定的疾病或者意外伤害导致工作能力丧失为给付保险金条件，为被保险人在一定时期内收入减少或者中断提供保障的保险。失能收入损失保险与重疾险都属于健康保险。因此，严格来讲，重疾险不是收入损失保险。

但为什么说有对的地方呢？因为发生重疾的时候，被保险人往往也处于失能或者半失能的状态，这时候大概率会出现收入中断或者收入减少的情况。而重疾险的赔偿金又不限定使用范围，的确起到了补偿收入损失的作用，而且从这个角度来诠释重疾险，既体现了重疾险的功用，也表明了它和医疗险的区别。

[①] 周彼得.周彼得讲重疾[M].南京：江苏凤凰科学技术出版社，2022.

▶▶▶ **延伸阅读**

北京大学肿瘤学博士王兴在他的专著《病人家属，请来一下》中写道：

除了需要覆盖看病所需要的花费（自费的部分），重疾险最大的价值是提供一笔灵活的重疾"补偿"……

因此这笔赔偿，对于一般家庭来说，可以说用途甚广。你也许背负着每个月1万~2万元的房贷和日常的开销，还有看病的交通、住宿的费用，那么有50万元的储备基金就可以避免在各种事情上捉襟见肘。

有些人认为，我家里也不是没有50万元，等生病了拿出50万元就是。事实上，不缺钱的人反而更习惯配置高额度的保险，来让自己在疾病面前没有损失。因为平时的支出占自己财产的一小部分，但是一旦发生重大疾病，就会获得非常可观的财产回报，这也大概是有钱人会更有钱的逻辑所在。

09 人体有上万种疾病，重疾险只保一二百种，够用吗？

客户："你给我推荐的重疾险，保不保乳腺癌呢？"

我："保！"

客户："合同里写了吗？"

我："第一项就是恶性肿瘤，乳腺癌属于恶性肿瘤。"

客户："我还是不放心，你能把'乳腺癌'这三个字写进合同里面吗？"

我："已经写好了。重疾险合同中恶性肿瘤的定义引用了世界卫生组织《疾病和有关健康问题的国际统计分类》第十次修订版（以下简称ICD-10），这是一个公开文件，关于癌症有98个编码，其中包括乳腺癌。"

▶▶▶ 专业解析

关于人体有多少种疾病，医学界并没有统一的说法，但肯定有上万种。然而，目前市场上的主流重疾险一般也就保障一二百种疾病。这个疾病保障数量看起来好像根本不够用，可事实并非如此。

重疾险合同约定的"一种疾病"和医学上所说的"一种疾病"，意义并不相同。正如本节案例所说，重疾险保障的恶性肿瘤，在ICD-10中有98个编码。你可能会问，这是不是意味着重疾险保的这一种疾病只涵盖了 98 种恶性肿瘤？不！只要你翻开 ICD-10 这个文件就会发现，远不止 98 种。我列举几个编码你就明白了。

C76　其他和不明确部位的恶性肿瘤
C79　其他部位的继发性恶性肿瘤
C80　部位未特指的恶性肿瘤
C97　独立（原发）多个部位的恶性肿瘤

除了恶性肿瘤，重疾险保障的其他疾病也有类似的情况。比如：

重大器官移植术或造血干细胞移植术

重大器官移植术，指因相应器官功能衰竭，已经实施了肾脏、肝脏、心脏、肺脏或小肠的异体移植手术。

造血干细胞移植术，指因造血功能损害或造血系统恶性肿瘤，已经实施了造血干细胞（包括骨髓造血干细胞、外周血造血干细胞和脐血造血干细胞）的移植手术。

你说，这是几种病？上述定义根本就没有限制是什么病，仅仅限定了移植的器官，甚至不是疾病造成的器官移植都有可能理赔，比如因意外伤害导致的心、肝、肺、肾、小肠、造血干细胞的移植也能理赔。

我再举个例子：

瘫痪

指因疾病或意外伤害导致两肢或两肢以上肢体随意运动功能永久完全丧失。肢体随意运动功能永久完全丧失，指疾病确诊 180 天后或意外伤害发生 180 天后，每肢三大关节中的两大关节仍然完全僵硬，或肢体肌力在 2 级（含）以下。

发现了没有？重疾险保障的这一二百种疾病，其实涵盖了人体的绝大多数疾病。当然，每种疾病都有明确的理赔条件，即使是轻度疾病，也要达到一定的严重程度才能理赔，否则就不叫重疾险了。

▶▶▶ **延伸阅读**

2020 年年初，新冠肺炎疫情暴发。于是，很多买过重疾险的人就会问：“重疾险保不保新冠肺炎呢？”

其实，只要严重到一定程度，也涵盖在重疾险的保障责任中，比如有的危重患者是符合重疾险中"深度昏迷"的理赔条件的。

当然，在这种大面积暴发性的疾病出现时，许多保险公司都扩展了新冠肺炎的保障责任，即已经投保过重疾险的客户，不用付任何额外的成本，就可自动享受针对新冠肺炎的保障。

10 保的疾病种类越多，这款重疾险就越好，是这样的吗？

影视剧《济公游记》里有这样一个情节：卖伞的求菩萨降雨，卖扇子的求菩萨天晴。

重疾险也有类似的情况：有人觉得重疾险只保一二百种疾病，远远不够；有人觉得重疾险保的疾病太多，很多都没必要，是凑数的。

▶▶▶ 专业解析

很多重疾险合同中都会保障一种名为"失去一肢及一眼"的重大疾病，看到这个病名，不知道你会不会觉得奇怪。它不像"恶性肿瘤——重度""严重慢性肾衰竭"一样，是一种疾病；也不像"重大器官移植术或造血干细胞移植术""心脏瓣膜手术"一样，是一种手术；更不像"双耳失聪""瘫痪"一样，是一种状态。

我们再想一想，在什么样的典型情境下，被保险人会出现"失去一肢及一眼"呢？如果是一场车祸，结果可能是重疾险保障责任中的"多个肢体缺失"；如果是一场火灾，结果可能是重疾险保障责任中的"严重Ⅲ度烧伤"……

我翻看了一些我国香港地区的重疾险合同，也几乎都保障这个疾病。原因是什么呢？可能无法考证了。但是，我们可以斗胆推断一下：经过长期的发展，重疾险的保障内容已经越来越丰富、完善，监管机构也在不断引导保险公司多做创新，进而更好地服务消费者。因此，重疾险中就出现了一些保障内容重叠的情况，比如本节举的这个例子，可能就是这种情况的一个缩影吧。

保险公司的创新和服务当然值得肯定，但需要注意的是，并不能说某款重疾险保障的疾病种类越多，这款重疾险就越好，因为不同种类疾病的发病率是不一样的。比如，某保险公司2020年发布的理赔年报显示，重疾险理赔原因前十及占比如下表所示。

重疾险理赔原因前十及占比

序号	重疾名称	占比
1	恶性肿瘤	67%
2	急性心肌梗死	10%
3	脑中风后遗症	5%
4	原位癌	2%
5	良性脑肿瘤	2%
6	慢性肾衰竭	2%
7	冠状动脉搭桥术	1%
8	心脏瓣膜手术	1%
9	瘫痪	1%
10	深度昏迷	1%

因此，在挑选重疾险产品的时候，我们既要看它保了多少种疾病，也要看它具体保了哪些疾病。尽管主流的重疾险动不动就保障一二百种疾病，但是大多数理赔都集中在前六种疾病。

▶▶▶ 延伸阅读

既然是创新，就难免有失误的情况。某保险公司的重疾险保障的疾病中增加了一种叫"重症骨髓增生异常综合征"的疾病，但这种疾病本身就是"恶性肿瘤——重度"涵盖的保障内容。

不过，这对客户并没有什么影响，甚至在实际理赔中还可能获益。比如，若某款重疾险的重度疾病是多次赔付的，被保险人发生了"重症骨髓增生异常综合征"可以理赔一次，发生了其他"恶性肿瘤——重度"可以再理赔一次。毕竟恶性肿瘤所包含的肿瘤类型是很多的。

11 意外伤害导致的重疾，重疾险也保吗？

曾经有位客户跟我买了一份带身故责任的重疾险。我告诉他，疾病身故①赔100万元，意外身故②赔200万元。

他问我："如果无疾而终，就不赔钱了吗？"

▶▶▶ 专业解析

在人身保险领域，导致保险事故的原因只有两个——一个是意外伤害③，另一个是疾病④——不存在"无疾而终"的概念。换句话说，除了意外伤害导致的保险事故，剩下的全部是疾病导致的保险事故。我们通常说的无疾而终，也算疾病导致的身故。

很多人以为只有意外伤害保险才保意外伤害导致的保险事故，其实这是一个误解。许多人身保险都能保意外伤害导致的保险事故，重疾险也不例外。

自本合同生效（或最后复效）之日起180日内，被保险人发生本合同约定的"轻度疾病""中度疾病""重度疾病"或身故，我们

---

① 疾病身故：疾病导致的被保险人的死亡。
② 意外身故：意外事件导致的被保险人的死亡。
③ 意外伤害：意外事件导致被保险人的身体伤害。
④ 疾病：在一定的致病因素作用下，人体各系统、器官、组织、细胞以及分子结构功能和代谢的病理变化，表现出相应的症状和体征，影响健康和劳动能力。

不承担保险责任，本合同效力终止，我们将无息退还您所交纳的保险费。这180日的时间称为等待期；被保险人因意外伤害发生上述情形的，无等待期。

这段文字摘自某重疾险合同。从这里可以看出，重疾险不但能保意外伤害导致的保险事故，而且还没有等待期。

有意思的是，在重疾险合同中，有些"疾病"必须是意外伤害造成的。比如，《重大疾病保险的疾病定义使用规范（2020年修订版）》中描述的有关严重脑损伤的定义。

严重脑损伤

指因头部遭受机械性外力，引起脑重要部位损伤，导致神经系统永久性的功能障碍。须由头颅断层扫描（CT）、核磁共振检查（MRI）或正电子发射断层扫描（PET）等影像学检查证实。神经系统永久性的功能障碍，指脑损伤180天后，仍遗留下列至少一种障碍：

（1）一肢（含）以上肢体肌力2级（含）以下；

（2）语言能力完全丧失，或严重咀嚼吞咽功能障碍；

（3）自主生活能力完全丧失，无法独立完成六项基本日常生活活动中的三项或三项以上。

上述定义中提到了"机械性外力"，也就是说，重疾险中可赔付的脑损伤，仅限由外伤所致。由疾病导致的脑损伤，不在此项疾病的赔付范围内。

▶▶▶ **延伸阅读**

保险专业术语往往和日常口语有些差别,我们很多时候会混淆。比如:

意外

日常口语所说的意外,指的是意料之外、没有想到的不幸事件,像突发心肌梗死、突发脑卒中,都是意外。保险专业术语"意外伤害"中的"意外",指的是"外来的、突发的、非本意的、非疾病的",心肌梗死、脑卒中通常都不属于意外伤害保险所保的"意外"。

重大疾病

日常口语所说的疾病,指的是身体不舒服、生病了,重大疾病就是情况比较严重的病。但保险专业术语中的重大疾病不一定是身体发生某种疾病被确诊,也可能是受伤导致的某一种身体状态,比如深度昏迷、双目失明、严重烧伤等。

Chapter

2

第二章

一

常见误区：
投保是一种选择

12 重疾险保障的疾病都是"离死不远"的，到时候拿到钱又有什么用？

央视的一档节目曾播出一起保险理赔纠纷案件。起因是有个人买了国内某保险公司的重疾险，但被保险公司拒赔了，因为这个人的治疗方法不符合保险合同规定。最终，他通过上诉和医生鉴定，才成功拿到理赔款。

看到这一幕，我翻开了自己找国外某大牌保险公司投保的重疾险合同，发现里头也有很多"必须符合以下条件"之类的限制。由于我不懂医学，只好向一位做医生的朋友求助。朋友看了我的重疾险合同条款，十分吃惊，他说："这个保险不是保大病的，而是保死的，这些条款，你要是符合了，就非死不可，不可能在活着的时候领到赔偿金……"这可和我当初投保重疾险的初衷不一样。卖保险给我的人明明说，买了它以后，我万一患了大病，看病的钱由保险公司出。现在只有我死了才能拿到钱，那它应该叫"死亡赔偿险"啊！

▶▶▶ **专业解析**

上面这个案例，是早年在网络上非常火爆的一篇文章里的内容。当然，这并不是原文，我只是将文章的主要内容给大家做了个概括性的描述。

这篇文章从 2005 年开始流传，作者是谁、首发于哪里，我寻寻觅觅，依然无果。那个时候，我国的重疾险还没有统一的标准定义，而它发布的背景，正是当年中国保险业"保死不保病"风波闹得沸沸扬扬之时。这场风波，对中国重疾险的发展产生了非常深远的影响。

重疾险起源于南非，1995 年传入中国后，我国的保险行业面临着两大难题：

第一，什么病才是重大疾病？如果光说病得严重就是重大疾病，那在实务中应该怎么界定？

第二，中国人罹患重大疾病的概率有多高？这直接决定了重疾险应该收多少保费。

当人面对未知的时候，保守可能是最理智的选择。当时的保险公司面临这两个难题的时候，就选择了保守——把理赔的标准定得严苛一些，尽量"离死不远"；把保费定得高一些，这样就不会导致理赔的时候"兜不住"。

后面的故事很多人都熟悉了：

（1）出现了重疾险"保死不保病"的风波，引发了全行业的信任危机。

（2）人们在很大程度上觉得保险就是骗人的，这个影响直到今天仍然存在。

（3）监管部门出手制定全行业统一的重疾定义，市场朝着有序的方向发展。

"重疾险保障的疾病都是离死不远的"已经成为过去式，你只要看看现在的重疾险合同，就不会再有这样的认知。可惜的是，直到今天，还有一些消费者，甚至保险行业内的人，还没有改变不看合同的习惯。

以重疾险理赔率最高的保险事故"恶性肿瘤"为例。你可以留意一下身边的患癌人群，是不是得了癌症就离死不远了。

曾经有一位客户完成肺腺癌理赔后请我吃饭，我问她："能喝酒吗？"她说医生告诉她没有什么需要忌口的。还有一次我在北京和一群朋友吃饭，其中一位端起酒杯说："我不能喝太多，因为我这人'架子大'。"在场的人都愣住了，怎么还有人说自己架子大？后来他解释说，所谓"架子大"是他的心脏里有支架。这种情况在重疾险合同里叫作"冠状动脉介入手术"，大多数重疾险产品都对这种情况按照"轻度疾病"理赔。

另外，许多重疾险还会保障糖尿病导致的截肢，这也是离死亡很远的情况。

重疾险的发明人巴纳德医生说得很对，"大家都需要保险，不光因为人人都会死，还因为我们都要好好地活着"。

▶▶▶ 延伸阅读

虽然像我这样卖保险的人都希望客户能够平平安安的，但每当为客户送去理赔款的时候，都是我对自己这份工作最认可的时候。下面这个案例给我的感触很深：

某客户是一位女性，她的丈夫在2003年的一场车祸中去世。

她一直没有再婚,而是独自一人带着三个孩子,并且赡养着两位老人。

2006年,她投保了一份保险组合,其中重疾险保额10万元,另有两全保险满期金4万元。

2008年6月,她偶然发觉自己脖子上有个突起,于是立即前往医院做了彩超检查,报告提示:甲状腺右叶实质性结节。同年8月,她在医院复查后进行了手术治疗,术后病理报告提示:甲状腺恶性肿瘤。

最终,这位客户所购买的重疾险理赔了10万元,且两全保险还没有结束,在她60岁时依然可以一次性给付4万元。更重要的是,她的后续保费被豁免了,不用再交保费。

如今14年过去了,我依然记得客户说的那句话——"是保险的理赔款让我有了重生的希望,是保险的理赔款帮我抚养了我的孩子"。

对于这位客户而言,如果没有这份保险,生活的担子想必会更重。

13 没有得重疾险保的那些疾病，保费岂不是白交了？

在给客户王女士讲解重疾险的时候，陪同王女士来的一位朋友表示也想了解一下。但在我解读合同的过程中，这位朋友直言："这些病我是不会得的。"

王女士听了朋友的话觉得有些道理，她说："如果没有得重疾险合同中约定的疾病，那保费岂不是白交了，还不如把钱存在银行。"

▶▶▶ 专业解析

保险有一个特点：划算就是不划算，不划算就是划算。为什么这么讲呢？

以一位 30 岁男士购买的某款带身故责任的重疾险产品为例，其保额 45 万元，交费期 30 年，年交保费 10 242 元，保险期间为终身。

假定情形 1：投保后 8 个月，赔付轻度疾病保险金 13.5 万元，并豁免后续 29 年的保费；第 2 年，赔付中度疾病保险金 27 万元；第 3 年，赔付重度疾病保险金 45 万元。

这位男士一共交纳了1万元多一点的保费，保险公司却赔了这么多钱，划算吧？但是，一个人要是真被赔付这么多次，只能说他太不幸了。而且，这还不是赔得最多的情形，因为这款重疾险的轻度疾病、中度疾病、重度疾病都是多次赔付的。在此基础上，癌症还可以再多次理赔。

假定情形2：买了保险后，一次疾病都没有发生，没有得到保险公司的理赔款。

这位男士30年一共交纳了30多万元的保费，却一次也没有出险，不划算吧？但这不正是每个人都期望拥有的健康、平安的人生吗？因此，不划算就是划算。

况且，虽然保险公司一次都没有赔付保险金，钱也并没有消失。这位男士68岁的时候，该保单的现金价值将达到31万元，超过了所交保费；75岁时，其现金价值将达到36万元；80岁时，其现金价值将达到39万元……这些都是他可以随时拿回来的钱。即使他不拿回现金价值，在他百年之后，保险公司也会赔给身故受益人45万元。

可能有人会问，有些不带身故责任的重疾险，保险期满时没有现金价值，如果买的是这种保险，没有发生理赔，是不是保费就白交了呢？也不是。要知道，每个家庭都需要准备一笔应急金，以应对家庭成员可能出现的健康风险。有重疾险的家庭就可以把这笔应急金释放出来，用于其他投资。当然，有些家庭既没有重疾险，也没有准备应急金，走"江湖"全凭运气。这样做的后果就是，一旦运气不好，又没有办法在短时间内凑到钱应急，就只能搭上个人信用去借，甚至到网上去"筹"。仔细想一想，这背后的成本其实远超重疾险的保费。

现在，你还觉得把钱用来投保重疾险不划算吗？实际上，保险只不过是储蓄的另外一种方式，它和其他理财产品一样，都属于金融产品。区别在于，保险在没有发生风险的情况下，流动性会差一些。

对于案例中王女士那句"还不如把钱存在银行"，你不妨回顾一下银行的利率走势，展望一下未来的利率趋势，再参考一下国外的利率现状。

有人说，我不把这笔钱放银行，我自己投资也能赚钱。但是，你确定自己能连续30年坚持每年存1万元去投资吗？就算能坚持下来，你确定自己的投资能力能使这笔钱实现稳健增值吗？你可以复盘一下自己过往的投资情况，相信你会得出结论。

最后我要说的，也是我们卖保险的人从客户口中听到最多的一句话，"这些病我是不会得的"。

保险是一种分摊风险的机制，即由全体参保人员来分摊少数人的风险。对于重疾险来说，其全体参保人员中自然是有人得了重疾，有人没得重疾。但任何一位参保人员，恐怕都无法信誓旦旦地说："这些病我是不会得的。"我们来看看2021年中国精算师协会发布的《国民防范重大疾病健康教育读本》中的数据。

0~17岁的未成年人最高发的重疾依次为恶性肿瘤、重症手足口病、良性脑肿瘤,三者合计占比约70%。18~39岁的青年男性最高发的重疾依次为恶性肿瘤、急性心肌梗死、终末期肾病,三者合计占比约75%;青年女性最高发的重疾依次为恶性肿瘤、终末期肾病、良性脑肿瘤,其中恶性肿瘤占比高达87%。40~59岁的中年男性最高发的重疾依次为恶性肿瘤、急性心肌梗死、脑中风后遗症,三者合计占比约78%;中年女性最高发的重疾依次为恶性肿瘤、脑中风后遗症、急性心肌梗死,其中恶性肿瘤占比超过80%。60岁以上的老年人最高发的重疾依次为恶性肿瘤、急性心肌梗死、脑中风后遗症,三者合计占比超过80%。根据医学资料和人口统计数据可知,高龄老人的高发重疾还有严重阿尔茨海默病,该病占比在85岁以上男性中可达20%左右,女性中可达30%左右。

▶▶▶ 延伸阅读

保监会[①]的广告牌上写着:

请不要拿起计算器来计算保险的收益,如果能够计算出来的那绝对不叫风险。保险虽然不能改变生活,但可以预防将来的生活被改变!

[①] 中国保险监督管理委员会,简称保监会,于2018年撤销,其机构职能并入中国银行保险监督管理委员会,简称银保监会。

重疾险作为基础保障类险种，能够有效减小被保险人因罹患重疾给家庭造成的经济损失。可以说，投保重疾险是我们的一种家庭财务责任。我想告诉大家的是，保单不是你的负担，而是你和你的家庭应对风浪的港湾。

14 得了大病我就不治了，还要重疾险干吗？

某次打车回家，我和出租车司机刚刚提起保险，司机马上说："保险我可不要，我这人想得开，我要是得了大病，直接死掉好了。"

▶▶▶ **专业解析**

我的姨父是因为肺癌去世的，临走之前，医生已经宣布没有治疗的必要了，但他没有放弃，连电线杆上贴的小广告里的方法也要试一试。"我再试试，万一有用呢！"这是他临终前经常对家人说的话。

姨夫只是个普通的农民，但作为癌症患者，他对待"生"的态度，其实与绝大多数人是一样的——想尽办法让自己活下去。在医生建议放弃治疗前，姨夫一直积极配合治疗，即便病情已经不能好转，也从未停止追寻"生"的希望。

2020年，中国人口宣传教育中心与优酷视频联合发起、制作完成了一部医疗人文纪录片《生生》。这部纪录片将镜头对准癌症患者，客观展现了他们在抗癌过程中的种种遭遇。有一位曾是医务工作者的乳腺癌患者对着镜头说，平时劝患者的时候，总是安抚对方原位乳腺癌不严重，但当真正听到"癌症"与自己联系在一起的时候，才体会到这有多沉重。

也许，真的有人能够像案例中那位司机一样，在得了大病时"想得开"，说出"直接死掉好了"这样的话。但这句话该什么时候说？又该什么时候"洒脱"地对家人说？

我相信，如果医生告诉这位司机"你活不过三个月"，说不定他真有勇气直接放弃治疗。但如果在医生说出这句话前，他已经治疗很久了呢？更别提很多时候，直到最后，医生也不说可以放弃治疗。

我姨夫的故事其实更曲折。在确诊癌症之前，他还曾经得过脑出血。当时他的情况很危险，好在抢救及时，人很快恢复了，而且没有留下后遗症。那时候我去看望他，根本看不出来他是个病人。如果按照那位司机的说法，是不是应该在脑出血的时候就直接放弃抢救呢？

更何况，如果真得了大病，自己很可能不是第一个知道的人。也就是说，自己很可能不是那个能决定是否继续治疗的人。所以，买不买重疾险倒是次要的，能说出"我要是得了大病，直接死掉好了"的人，大概率没有考虑过家人的感受吧。

▶▶▶ **延伸阅读**

有一部纪录片叫《只有医生知道》，其中有一集是关于抢救一位急性心肌梗死的患者的，大致情节如下：

患者属于急诊科规范中界定的A级濒危患者，被送往医院时已经呼吸心跳全无。虽然经过医生的一系列急救措施，该患者暂时恢复了心跳，但如果不尽快进行心脏导管介入手术，随时有可能出现心搏骤停的状况。

虽然抢救室距离心脏导管室不足一千米，但由于患者生命体征极不稳定，并出现心率持续下降的情况，因此一刻都不能离开抢救室。抢救室在想尽办法稳定患者生命体征的同时，心脏导管室也开始着手准备手术器械，争取在患者生命体征稳定后用最短的时间将其从抢救室转移到心脏导管室中进行手术。

双方都在极力地争取时间，因为对于急性心肌梗死的患者来讲，时间就是生命。

在一系列的药物和急救措施的作用下，患者的生命体征终于稳定了下来，接下来只需快速将患者送入导管室进行心脏导管介入手术。但此时，又出现了一个新的问题，就是家属仍抱有担忧，担心手术做完了，人却没能抢救回来，最后造成人财两空的局面。虽然这种担忧是人之常情，但作为急诊医生仍需要根据自己的判断与家属做积极的沟通，帮助家属做出正确的选择，尽一切的努力去拯救患者的生命。因为无论何时，生命都是第一位的，只要有一线希望就不应该轻易放弃。

在医生的积极沟通下，家属同意进行手术，患者也随后转移至心脏导管室进行手术，最终脱离了危险。

也许是职业病吧，看到这集纪录片的时候，我就在想，如果这位患者有保险，尤其是像重疾险这样不是按照医疗费用来理赔的保险，其家属还会不会担心人财两空呢？

15 以前没有保险都过来了,现在何必要买?

2021年3月,我与一位客户见面聊保险。他对我说:"你们卖保险的人天天说保险重要,我爷爷90多岁了,没保险不照样好好的?"

▶▶▶ 专业解析

首先我们得明确,无论以前还是现在,有没有保险,日子都是要过的。我从来不觉得人人都必须买保险,保险只是一种财富配置方式,而财富配置方式的选择本来就是自由的。

你当然可以选择不买保险,但风险是客观存在的。举个例子来说,如果某个人罹患重疾,那么因患病而产生的医疗及康复护理费用、收入损失,都将由患者及其家属来承担。如果患者投保了重疾险呢?因患病而产生的经济损失将转嫁给保险公司,由保险公司替他和他的家属承担。可见,有保险的人与没有保险的人,其本人及家属在风险来临时所面对的局面是完全不一样的。

保险作为金融行业的"三驾马车"之一,其地位之重是毋庸置疑的。国家也一直在利用各种途径宣传保险的作用。比如,通过播放《保险,让生活更美好》《远离贫困,从一份保障开始》等公益广告,把每年的7月8日定为保险公众宣传日,将保险教育纳入教科书等方式,向大众普及保险知识。

往大了说，保险是社会的稳定器、经济的助推器；往小了说，保险关乎每个家庭的财产安全。我们在购买某种产品时，总是习惯给自己找一个购买的理由。其实，购买保险是不需要理由的，它更像是一种选择——面对可能发生的风险，要不要提前做好应对的准备。

还有许多事情都是如此。比如，我们以前没有智能手机，现在也一样可以不用智能手机。说到这一点，在没有智能手机的时代，我们眼睛的负担远没有现在这么重。我经常和我的客户说，光是"双目失明"这一项，以后的重疾险赔付率就够保险公司"喝一壶"的。我之所以这么说，是因为现在重疾险定价参考的经验数据是历史数据，而历史数据里根本没有体现智能手机对眼睛的影响这一因素。

我的一位同行（某保险代理公司的总经理）在一次行业内的交流活动上公开说道："原来保险公司都觉得重疾险是优质业务（能赚钱的业务），但现在看来，这句话可能要打个问号了。"

▶▶▶ **延伸阅读**

胡适早在20世纪30年代就公开发文："保寿的意义只是今天作明天的准备，生时作死时的准备，父母作儿女的准备，儿女幼小时作儿女长大时的准备，如此而已。今日预备明天，这是真稳健。生时预备死时，这是真豁达。父母预备儿女，这是真慈爱。不能做到这三步的，不能算作现代的人。"

胡适先生所说的"现代"，指的是案例中客户那位90多岁的爷爷生活的"从前"。

16 重疾险保障死和病,买它不是给自己下诅咒吗?

我第一次买重疾险的时候,受益人是我的父亲。当父亲知道我买的具体产品时,问了我一句:"买这个干吗?多晦气,买点儿那些能返钱的多好!"

在他看来,保障死和病的保险是很不吉利的。

▶▶▶ **专业解析**

买重疾险到底吉利不吉利?你去医院里看看就知道了。躺在病床上的那些患者,没买保险的要比买了保险的多得多。对于已经买了重疾险的患者来说,他一定不会觉得重疾险不吉利。

马来西亚有一位资深临床心理治疗师,2009年,她被确诊为乳腺癌第三期,抗癌10年后,于2019年去世。在与癌症斗争的这些年里,她一边庆幸自己在患病前几年就投保了重疾险,一边又遗憾于自己因为缺乏对保险的了解而多次拒绝加保,以至于保额不足,在承受病痛折磨的同时,还要面对经济上的拮据。

她在自传中记录了自己的抗癌过程,并呼吁大众不要轻易拒绝保险、拒绝加保。患病之后,她才真正意识到保险的重要性,也因此对保险持有感恩的态度。

如果把人生比作一艘行驶中的邮轮,保险就相当于邮轮上的救生设备。邮轮行驶在汪洋大海中,一定会配备救生设备,没有人会认为救生设备不吉利,因为它会让人觉得更安全。

所以,购买保障疾病与死亡的保险"不吉利",是一种"诅咒",纯粹是无稽之谈。只要我们能够正确认识重疾险的保障作用,就不会对重疾险有这种偏见。

当然,并不是所有客户都是因为觉得重疾险不吉利才拒绝投保的。

我有位同行到医院里去拓展客户,见人就问:"你有保险吗?"然后他发现自己被拒绝的概率很高,甚至很多人压根儿不理他。我建议他把这句话改为:"理赔办了没?"很多人会反问他:"什么理赔?"于是他就可以顺着这个话题给对方讲保险理赔了。我还建议他多讲保险理赔的实例,少讲道理。这样一来,他发现很多人是愿意和他聊的。与此同时,他发现很多人没有买过保险。

其实,人们不买保险,是因为感觉不到保险的用途。而保险最有意思的地方就是,等一个人真的感受到保险的用途,需要保险的保障时,保险公司可能已经把他拒之门外了。就在我写这一节内容的前一天,一位已经理赔过甲状腺癌的客户问我,他还能不能买重疾险。我回复他:"你的甲状腺癌有淋巴结转移,很难再买重疾险了。"

▶▶▶ **延伸阅读**

对比保监会发布的《中国人身保险业经验生命表(2010—2013)》(以下简称《生命表》)和2010年中国第六次人口普查的

结果，我们会发现：《生命表》中非养老Ⅰ类表①男性平均寿命为76.4岁，女性平均寿命为81.7岁；《生命表》中非养老Ⅱ类男性平均寿命为80.4岁，女性平均寿命为85.4岁；《生命表》中养老类男性平均寿命为83.1岁，女性平均寿命为88.1岁。三组数据，均高于第六次人口普查显示的人均寿命男性72.38岁和女性77.37岁。总结一句话就是：买保险的人，比不买保险的人，平均寿命更长。②

买保险的人与不买保险的人的平均寿命对比

性别	中国第六次人口普查人口平均寿命	《生命表》中非养老Ⅰ类平均寿命	《生命表》中非养老Ⅱ类平均寿命	《生命表》中养老类平均寿命
男	72.38岁	76.4岁	80.4岁	83.1岁
女	77.37岁	81.7岁	85.4岁	88.1岁

从数据来看，保险并非不吉利，购买过保险的人反而更加长寿。人间五福寿为先，你说吉利不吉利？

---

① 非养老Ⅰ类表主要包括定期寿险、终身寿险、健康保险（如重疾险、防癌险、医疗险等）以及一些其他的保障型保险。
② 吕征，谭啸. 保险常识100问[M]. 北京：电子工业出版社，2022.

17 我家有钱，生病了也不用愁，干吗还要买重疾险？

有一次和同事聚餐，闲聊时我的一个同事说，他有个不缺钱的亲戚，在全国各地有多套房产。他觉得这个亲戚没有必要买重疾险，反正即使生了大病，他也可以随时拿出钱来看病。就算资金周转不过来，卖一套房子就可以解决问题了。

▶▶▶ **专业解析**

保险本质上是转嫁风险的一种金融工具，当你有足够的能力承担风险时，保险就不是必需品了。像案例中我同事的这位亲戚，本身就拥有一定的财富，重疾险对他来说，作用似乎有限。

但这并不意味着重疾险对于高净值人士来说就没有意义了。保险具有杠杆作用，一笔很小的保费，就能够撬动一个很大的保额。与其花费几十万元甚至上百万元来应对健康风险，为什么不利用保险的杠杆作用，用很小的一笔钱来达到同样的效果，同时释放更多的资金用于投资呢？

实务中，我一般不会强烈建议高净值人士投保重疾险，因为他们可能更需要用高端医疗险解决医疗资源问题并提升就医体验，更需要保险的财富传承功能。但我发现一个很奇怪的现象，就是我身边的很多高净值人士会在配置了几百万元的年金险的同时，再投保一份保额几十万元的重疾险;反而是资产净值没那么高的人,对自己的风险承受能力很自信,觉得不需要保险。

保险是一种具备多种保障作用的金融工具。不同的人群,适合不同的保险,消费者根据自身的实际需求做出选择即可。

▶▶▶▶ **延伸阅读**

我有一位客户王先生,他的工资收入不算高,但是很稳定。他爱人的工资和他差不多,两人的工作都很稳定。

但王先生的资产可不少。他有个企业,虽说不大,但一年也能赚一两百万元。除了企业,王先生还有以下资产:

(1)手上有100多万元的流动资金。

(2)股票账户中有300多万元。

(3)家里有6套房子,都在王先生生活的二线城市,目前有5套出租中。

(4)前些年陆陆续续地买过一些实物黄金,都在保险柜里。

(5)王先生是家里的独子,父母都已经60多岁了,父亲手上还有1000多万元的现金类理财产品。

我在给王先生提出保险规划建议的时候,告诉他重疾险对他来讲意义不大,但他还是投保了重疾险,只是保额不高,目的是将来使用这款重疾险配套的就医绿色通道服务(以下简称绿通服务)。

18 保险收益太低了,其他投资方式不是更好吗?

某天,我与一位在证券公司工作了十几年的客户见面。

客户:"保险的收益率是多少?"

我:"保险讲收益率其实是不合规的,简单类比下相当于2.5%。"

客户:"这点收益率我一天就可以赚回来,我是不会买保险的。"

我:"那你这么多年赚了多少钱呢?"

客户:"咱换个话题吧。"

我知道,十几年来,这位客户亏了很多钱。

▶▶▶ 专业解析

有句玩笑话叫"凭运气赚的钱全凭实力亏出去"。保险固然没有很高的收益,但长期持有,其收益率很可能超过许多人的投资收益率。

下表是两位先生连续十年的投资收益率。

两位先生连续十年的投资收益率

两位先生	第一年	第二年	第三年	第四年	第五年	第六年	第七年	第八年	第九年	第十年
快先生	10%	-8%	15%	-20%	3%	15%	-20%	6%	0	15%
慢先生	2.5%	2.5%	2.5%	2.5%	2.5%	2.5%	2.5%	2.5%	2.5%	2.5%

假设两人的初始投资都是100万元,十年后,"快先生"有1 075 467元,"慢先生"有1 280 084元。是不是没有想到?还有更想不到的,那就是"快先生"的投资实力其实已经超过大多数人了。

我有位同学是学工程机械设计的,毕业以后去了深圳一家效益很好的企业上班,还娶了位很漂亮的妻子。当大部分同龄人还在四处奔波、为生计打拼时,他已经有房有车。同学们都特别羡慕他,觉得他过得很幸福——父母在身旁,家中有娇妻,孩子成长期,工作上升期。

2015年,股市迎来牛市,他也跟着赚了很多的钱,从此信心大增,甚至自比股神巴菲特,不仅把家里的100万元现金全部投入股市中,还向银行贷了款,外加场外配资4倍的杠杆。

我说了这么多,估计你也猜到结局了。他重仓的股票先是停牌,复牌后连续两个跌停,无法卖出止损,而他欠下银行和配资公司总计300多万元。因为无力偿还欠款,配资公司到他的家里和单位讨债,导致他被单位开除,车子和房子都卖掉了,娇妻也含恨离去。最终,他因为自己的"实力",搞得家庭支离破碎。

这个案例也许有些极端,但它说明了投资是有风险的。在我们的认知里,总是认为"高风险=高收益"。通过阅读上面两个案例,相信你已经清楚,高风险并不一定等于高收益,但高收益一定伴随着高风险。

只要谈到理财,大家的第一反应是投资,为什么呢?因为投资能够挣钱,这就是理财目的中的"增值"。可是,大家往往忽视了理财的另一个目的——保值。如果钱都不能保值，何来增值？保险，就是一个能够帮助你实现财产"先保值，后增值"的财富积累工具。

事实上，我不希望你从投资的角度去看待保险。保险其实是保费与保额之间的一个杠杆，这种杠杆功能是独一无二的。举个例子来说，假设你要准备一笔50万元的重大疾病应急金，只靠自己每个月攒5000元，至少需要9年。当你攒够这笔钱时，一场大病就能让你这50万元归零。如果你在攒钱期间就罹患重疾，这些钱恐怕根本就不够用。但如果购买重疾险呢？你用一笔很少的保费就可以拥有50万元的保额来应对健康风险。如果你在交费期间罹患重疾，保险公司还能够免除剩余的保费，也就是没有交完的保费可以不用交了。

对于重疾险来说，越早投保，其保费越便宜，杠杆功能的效果就越强。

案例中，"慢先生"投资的是增额终身寿险与重疾险的产品组合。重疾险起到了保障的作用，增额终身寿险的收益持续稳定，能够抵御利率下行的风险。这种既能拥有保障，又能实现财富保值、增值的保险产品组合，其收益已经超过大部分的投资工具了。

▶▶▶ **延伸阅读**

家庭财富配置是整体的规划，不是单一的投资。就像参加足球比赛一样，11个队员各有分工。前锋固然重要，但是代替不了后卫的作用。

我们借足球运动员的位置来解释保险的作用，可能更易于理解。前场的主要任务是进攻和得分，它代表家庭财富中的高风险配置，比如股票、期权等；中场的主要任务是进攻与防守的衔接，它代表家庭财富中的中风险配置，比如基金、债券等；后场的主要任务是防守，它代表家庭财富中的低风险配置，比如年金保险和银行存款等；守门员是最后一道防线，它代表家庭财富中唯一的，也是重中之重的风险控制配置，比如重疾险、意外险、医疗险等。

每一种金融产品都有自己的特点和作用，保险无法替代其他金融产品，其他金融产品也替代不了保险。

19 为什么买保险容易患上"纠结症"?

客户郑先生给全家都配置了保险,并且所有家庭成员都被保险公司顺利承保。这其实是很难的:一来难在某个家庭成员有为全家配置保险的意识,二来难在所有人都能顺利通过核保。然而,在保单生效后的第10天,郑先生来找我,想要在犹豫期内把保险退掉。

他告诉我:"我的家人实在不同意我买保险,无论我怎么讲,都说服不了他们。我买其他东西从来没有这么纠结过,唯独买保险特别纠结。"

▶▶▶ 专业解析

《保险法》

第十五条 除本法另有规定或者保险合同另有约定外,保险合同成立后,投保人可以解除合同,保险人不得解除合同。

《保险法》第十五条中的"投保人可以解除合同",就是指投保人可以退保。

如果要退保,最好在犹豫期[①]内退保。犹豫期内退保类似于电商网站上的"7天无理由退货",但保险的犹豫期可不止7天,而

---

① 犹豫期:投保人收到保险合同并书面签收后,仍然拥有撤销保险合同权利的一段时间。

是 15 天，甚至 20 天。

之所以设置犹豫期，是因为保险合同的期限太长了，而一些消费者会存在冲动消费的情况。犹豫期给了消费者一个"反悔"的时间。当然，犹豫期并非我国保险业特有，全世界的保险业皆是如此，有些地区的保险合同犹豫期甚至长达一个月。可见，"买保险会纠结"这件事情，并不是个别现象。

那么，究竟为什么会出现这种现象呢？根本原因不在保险本身，而是保险合同的期限太长。

人类在进化的过程中，本能上不愿意考虑太长远的事情。为什么会这样？试想一下，在原始的生存环境中听到了奇怪的响声或看到了奇怪的现象，人们的第一反应是什么？是跑，而不是搞清楚到底发生了什么。因为立即跑，活下来的概率高，等搞清楚事实后再跑，很可能会被野兽吃掉。就这样，祖先把强烈应激反应能力的基因遗传了下来。

但是到了今天，能考虑长远的人才能更好地适应现代生存环境；那些不短视、有长远规划的人，才显得更加优秀。

重疾险也好，其他保险也好，由于保险期间太长，违背了人的本性，导致消费者在买保险的过程中很纠结。其实，人们在做出对人生具有长远影响的决定时，都是很纠结的。比如，第一批下海经商的人很纠结，因为要放弃自己的"铁饭碗"；第一批背井离乡打工的人很纠结，因为"在家千日好，出门一日难"。

买保险和卖保险，都是在和人性抗争，所以买保险的人觉得纠结，卖保险的人觉得艰难。

▶▶▶ **延伸阅读**

网上有这样一段话，其具体出处难以考究，但流传甚广，道出了很多保险从业者的心声。

有人问我卖保险难不难，我说：难。

因为我们要跟健康的人谈疾病，跟平安的人谈意外，跟年轻人谈养老，跟有钱人谈未来……都是在客户最不想要的时候，我们劝他买；当客户身体出现问题想买的时候，我们却不能卖给他。

保险对普通人是雪中送炭，对有钱人是锦上添花。我希望我签下来的每一份保单，都是因为你认同保险。

Chapter 3

第三章

一

要点分析：
投保的影响因素

20 健康有异常,能否购买重疾险?

华女士曾经因乳腺纤维瘤做过手术,经历过住院治疗的她意识到保险很重要,但又担心自己的情况无法投保重疾险。

没想到的是,在保险销售人员的指导下,她提供了全套的手术病历,居然通过了保险公司的核保,可以正常承保。

一年半之后,华女士患上乳腺癌,她的重疾险得到顺利理赔。

▶▶▶▶ **专业解析**

很多人对重疾险有很深的误解,认为身体有问题就买不了重疾险了,但事实并非如此。只要能够通过保险公司的核保,即便身体并非完全健康,也是可以投保重疾险的。核保,就是保险公司对消费者按照要求如实告知的健康情况进行审核的过程。

消费者的健康情况不同,保险公司给出的核保结果也不同,一般包括以下五种:

(1)标准体:这是最理想的情况,消费者可以享受保险保障。需要特别说明的是,标准体并非没有任何健康"瑕疵"。比如,有乳腺增生的消费者在很多保险公司仍然可以按照标准体承保。

(2)加费:虽然消费者可以享受保险保障,但需要多交纳一定的保费。实务中,有很多人会因为加费而放弃投保重疾险,这是非常不明智的。要知道,加费意味着被保险人的风险是高出普通人的，虽然多交纳了一定的保费，但还可以全面承保。这种机会其实稍纵即逝，消费者一定要抓住。

（3）除外：虽然保险公司愿意承保，但是对一些特定风险不承担责任。比如，有腰椎间盘突出的被保险人往往会被保险公司除外瘫痪责任。

（4）延期：保险公司暂时无法评估被保险人的准确风险水平，也就暂时无法承保，需要过一段时间重新评估。比如，首次发现肺结节的被保险人，很可能被保险公司延期半年核保。

（5）拒保：这是最差的情况，保险公司对消费者关上了大门。比如，糖尿病患者基本上是没有希望做重疾险的被保险人的。

以上核保结果中，除了标准体，其余四种核保结果统称为非标准体。

我曾有过这样一段"尴尬"的经历：

客户丁女士本来想投保 A 重疾险，但我认为 B 重疾险更适合她。在我的建议下，她同意投保 B 重疾险。由于丁女士的血压有点高，还有轻微的腰椎间盘突出，B 重疾险的核保结果是加费和除外瘫痪责任。

丁女士无法接受这样的核保结果，于是转而投保 A 重疾险（A 重疾险的核保结果是标准体承保）。虽然 A 重疾险没有加费和除外瘫痪责任，但是丁女士还是更喜欢 B 重疾险。我在这之后和 B 重疾险的保险公司进行了反复沟通，也用 A 重疾险的核保结果进行了"倒逼"，但都没有成功。

从这个案例可以看出，健康有异常，不一定买不了重疾险；也可以看出，不同保险公司对于同样的健康情况，给出的核保结果可能是不一样的。

另外，保险公司的核保结果是可以沟通的。在我的实务经验中，这样的案例非常多。例如：

赵女士同时投保了甲、乙两家保险公司的重疾险。由于赵女士的肾脏指标有些异常，甲公司做出了加费承保的决定，但经过沟通，甲公司最终同意按照标准体承保。乙公司要求赵女士针对肾脏再做个检查才能决定是否承保，我给乙公司写了一封沟通函，大致内容如下：

×××（乙公司的工作人员），我这有个客户，同时投保了甲公司和贵公司的重疾险，甲公司按照标准体承保了，贵公司这边还要求去查肾功能。我看了一下，甲公司的合同和贵公司的合同中关于肾脏的保障基本相同，甲公司针对肾癌这一项还多赔25%的保额，赔付次数也更多。也就是说，其实甲公司承担的风险更高一些。能不能和你们这边的核保老师沟通一下，参考甲公司的核保结果，不要再查肾功能了。

最终，乙公司同意取消肾脏检查，按照标准体承保。

▶▶▶ **延伸阅读**

有位同行曾经问我，客户应该怎样如实告知，才能让保险公司按照标准体承保。你可能会觉得这个问题很奇怪，难道还能做"技术性处理",让原本不健康的人变得健康？当然不能！但我很理解这位同行的心情——好不容易找到了一位想买保险的客户，最后却因为如实告知不能通过核保，心有不甘啊。但无论如何，对于客户来说，如实告知非常重要。许多理赔纠纷都是因为客户在投保时没有如实告知造成的。

　　我经常跟我的客户说："我宁愿你买不了保险，也不愿你买了之后赔不了。"在这里我要提醒各位读者，买保险要趁早，因为越年轻，身体越健康，通过核保的概率越高，而且保费越低。

21 体检报告难免有异常,怎么判断自己还能不能买重疾险?

2019年1月,我受邀与某保险公司总部负责核保和理赔的管理人员沟通。沟通中,我提了一个问题:"买保险时,你们都会要求客户告知各种健康异常。像我这样每年体检的人,体检报告上难免有些异常,结果就是可能无法正常承保。而我的父亲从来没做过体检,生病了也只是自己到药店买点药,没有任何医疗记录。他要买保险,反而可以按照标准体承保。但事实上,光从年龄上看,大概率我的健康情况是优于我父亲的。请问,这是不是违背了你们风控的初衷?"

▶▶▶ **专业解析**

对于健康管理来讲,体检是一件非常重要的事;但对于买保险来讲,体检可能是一把"双刃剑"。

经常有客户体检报告一出来就给我打电话:"我体检报告上有某某异常,我还能买保险吗?"你看,体检激发了客户的保险意识,但体检结果可能让客户失去买保险的机会。本节我以思维导图的形式梳理了一些常见的健康异常情况及其对重疾险核保可能产生的影响。

一、乙肝

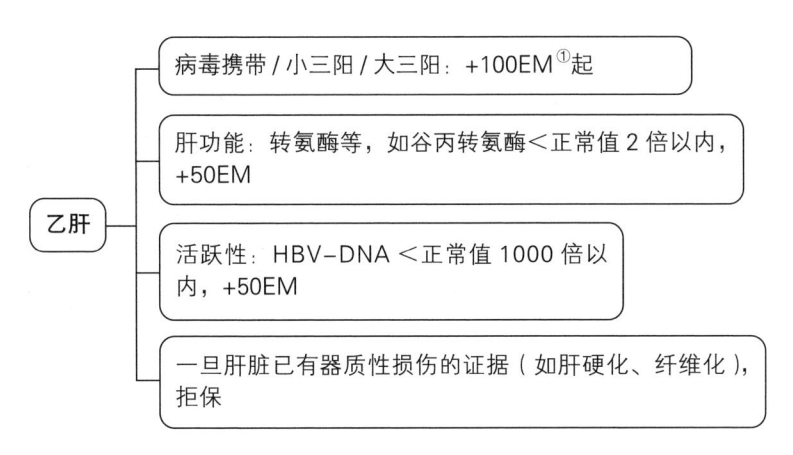

```
         ┌─ 病毒携带/小三阳/大三阳：+100EM① 起
         │
         ├─ 肝功能：转氨酶等，如谷丙转氨酶＜正常值2倍以内，
         │  +50EM
  乙肝 ──┤
         ├─ 活跃性：HBV-DNA＜正常值1000倍以内，+50EM
         │
         └─ 一旦肝脏已有器质性损伤的证据（如肝硬化、纤维化），
            拒保
```

二、脂肪肝

```
           ┌─ 轻度脂肪肝（单纯性脂肪变性），不伴肝功能异常：临标
           │
  脂肪肝 ──┼─ 中度脂肪肝（脂肪变性加小叶内炎症），不伴肝功能异常，
           │  +100EM；如有肝功能异常，再加+50~100EM
           │
           └─ 重度脂肪肝（出现肝硬化）：拒保
```

---

① 通俗地说，EM就是额外的风险发生率，因为风险发生率会影响保险产品的价格，所以保险公司在核保时会对风险发生率高的人通过增加EM来实现加费。"+50EM"就是实务中常说的"加费50点"。但需要注意的是，这并不等同于保费增长50%，因为风险发生率并不是决定保险价格的唯一因素。

三、高血压

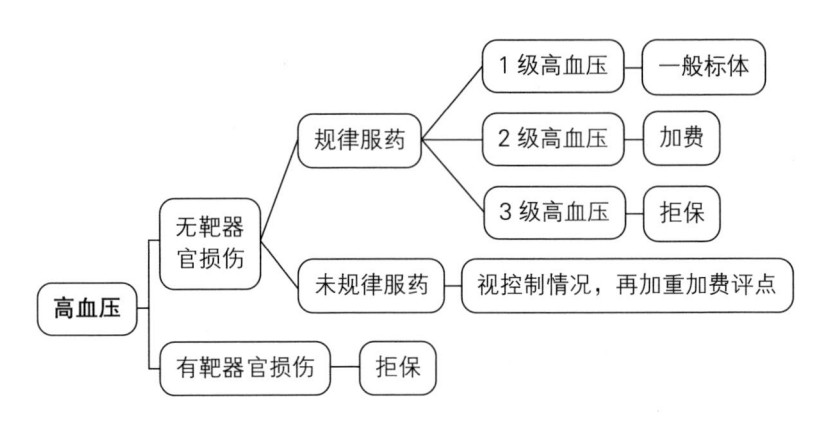

```
高血压
├── 无靶器官损伤
│   ├── 规律服药
│   │   ├── 1级高血压 —— 一般标体
│   │   ├── 2级高血压 —— 加费
│   │   └── 3级高血压 —— 拒保
│   └── 未规律服药 —— 视控制情况，再加重加费评点
└── 有靶器官损伤 —— 拒保
```

四、胆囊息肉

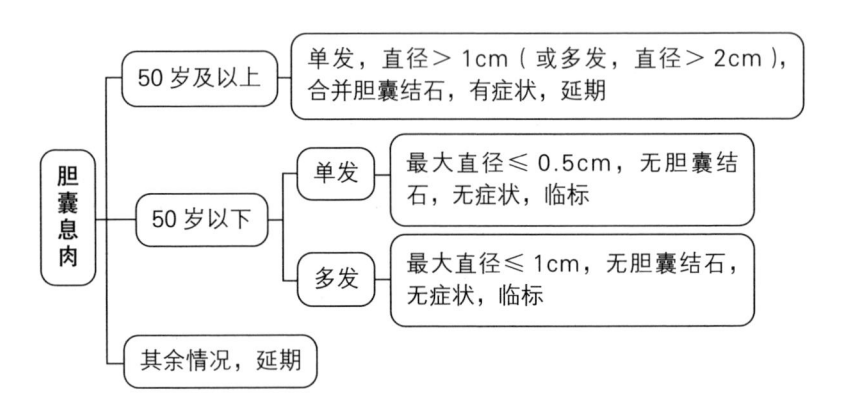

```
胆囊息肉
├── 50岁及以上 —— 单发，直径＞1cm（或多发，直径＞2cm），合并胆囊结石，有症状，延期
├── 50岁以下
│   ├── 单发 —— 最大直径≤0.5cm，无胆囊结石，无症状，临标
│   └── 多发 —— 最大直径≤1cm，无胆囊结石，无症状，临标
└── 其余情况，延期
```

五、视力低下／高度近视

视力低下／高度近视 —— 除外双目失明（及其他眼科相关疾病）

六、甲状腺结节

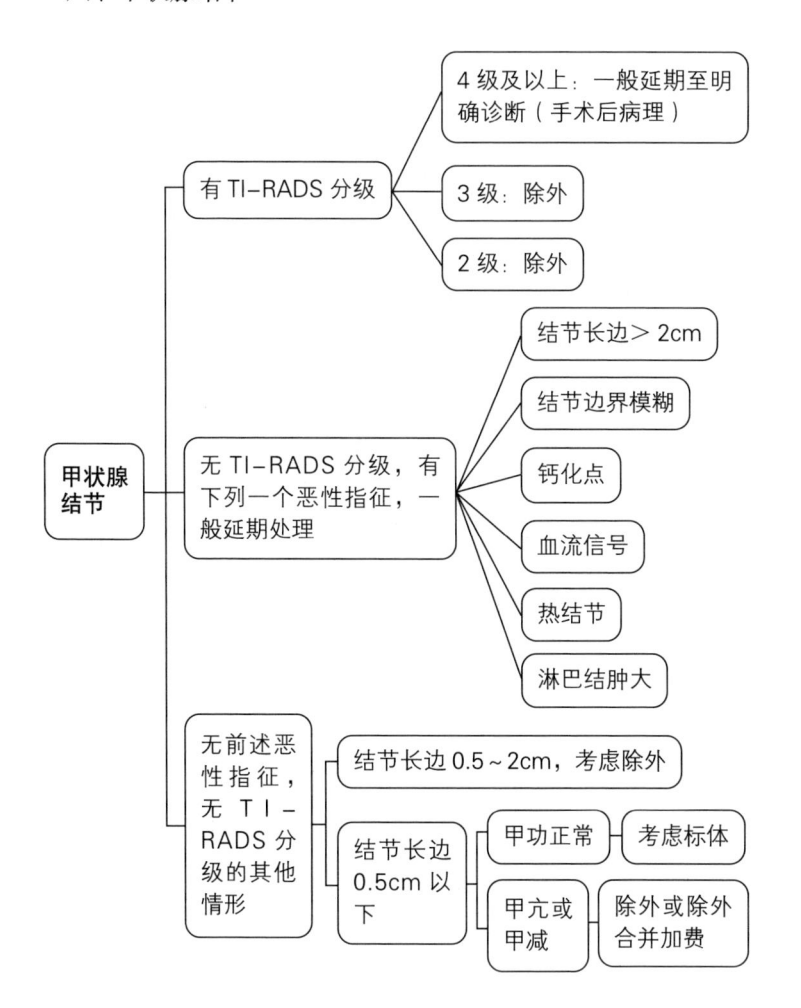

```
甲状腺结节
├── 有 TI-RADS 分级
│   ├── 4 级及以上：一般延期至明确诊断（手术后病理）
│   ├── 3 级：除外
│   └── 2 级：除外
├── 无 TI-RADS 分级，有下列一个恶性指征，一般延期处理
│   ├── 结节长边＞2cm
│   ├── 结节边界模糊
│   ├── 钙化点
│   ├── 血流信号
│   ├── 热结节
│   └── 淋巴结肿大
└── 无前述恶性指征，无 TI-RADS 分级的其他情形
    ├── 结节长边 0.5~2cm，考虑除外
    └── 结节长边 0.5cm 以下
        ├── 甲功正常 → 考虑标体
        └── 甲亢或甲减 → 除外或除外合并加费
```

第三章　要点分析：投保的影响因素

七、乳腺结节

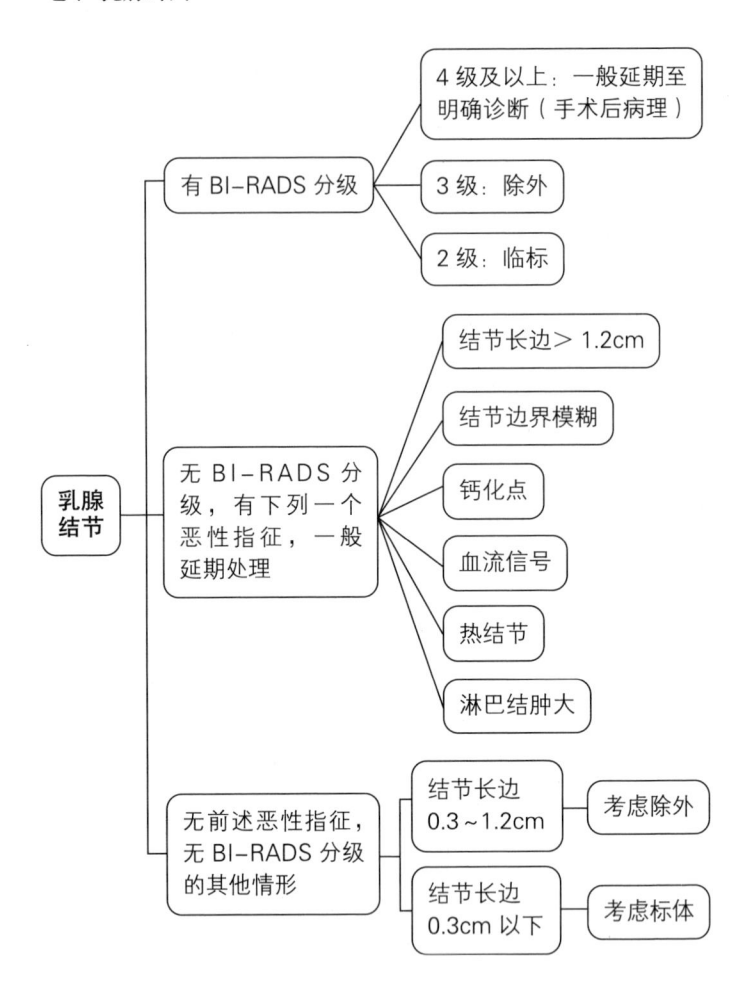

```
                              ┌─ 4级及以上：一般延期至明确诊断（手术后病理）
              ┌─ 有 BI-RADS 分级 ─┼─ 3级：除外
              │                 └─ 2级：临标
              │
              │                                   ┌─ 结节长边 > 1.2cm
              │                                   ├─ 结节边界模糊
乳腺结节 ──────┼─ 无 BI-RADS 分级，有下列一个恶性指征， ┼─ 钙化点
              │   一般延期处理                       ├─ 血流信号
              │                                   ├─ 热结节
              │                                   └─ 淋巴结肿大
              │
              └─ 无前述恶性指征，无 BI-RADS 分级的其他情形
                    ├─ 结节长边 0.3~1.2cm ── 考虑除外
                    └─ 结节长边 0.3cm 以下 ── 考虑标体
```

八、颈 / 腰椎间盘突出症

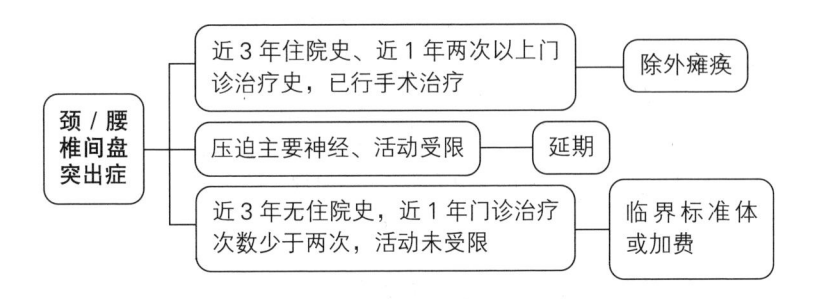

```
颈/腰椎间盘突出症
├── 近3年住院史、近1年两次以上门诊治疗史，已行手术治疗 ── 除外瘫痪
├── 压迫主要神经、活动受限 ── 延期
└── 近3年无住院史，近1年门诊治疗次数少于两次，活动未受限 ── 临界标准体或加费
```

九、肺结核

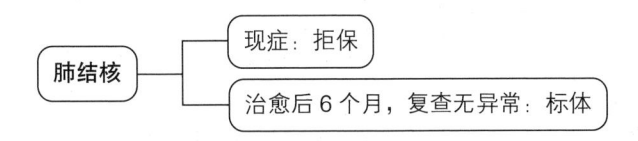

```
肺结核
├── 现症：拒保
└── 治愈后6个月，复查无异常：标体
```

十、先天性心脏病

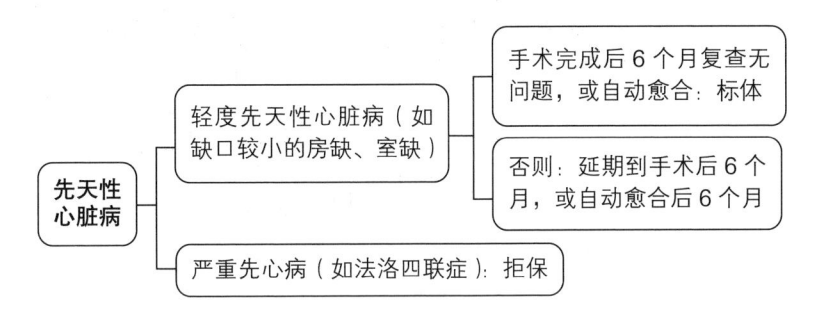

```
先天性心脏病
├── 轻度先天性心脏病（如缺口较小的房缺、室缺）
│   ├── 手术完成后6个月复查无问题，或自动愈合：标体
│   └── 否则：延期到手术后6个月，或自动愈合后6个月
└── 严重先心病（如法洛四联症）：拒保
```

十一、胃炎

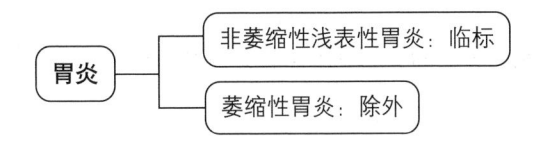

```
胃炎
├── 非萎缩性浅表性胃炎：临标
└── 萎缩性胃炎：除外
```

第三章　要点分析：投保的影响因素

十二、子宫肌瘤

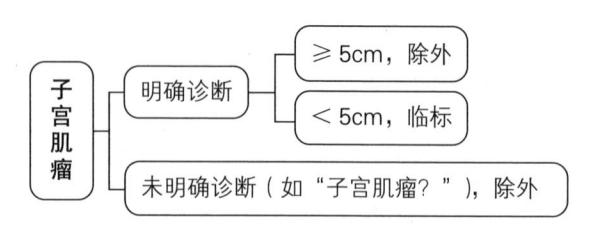

```
子宫肌瘤 ─┬─ 明确诊断 ─┬─ ≥5cm，除外
         │            └─ <5cm，临标
         └─ 未明确诊断（如"子宫肌瘤？"），除外
```

十三、HPV 感染/宫颈上皮内瘤变

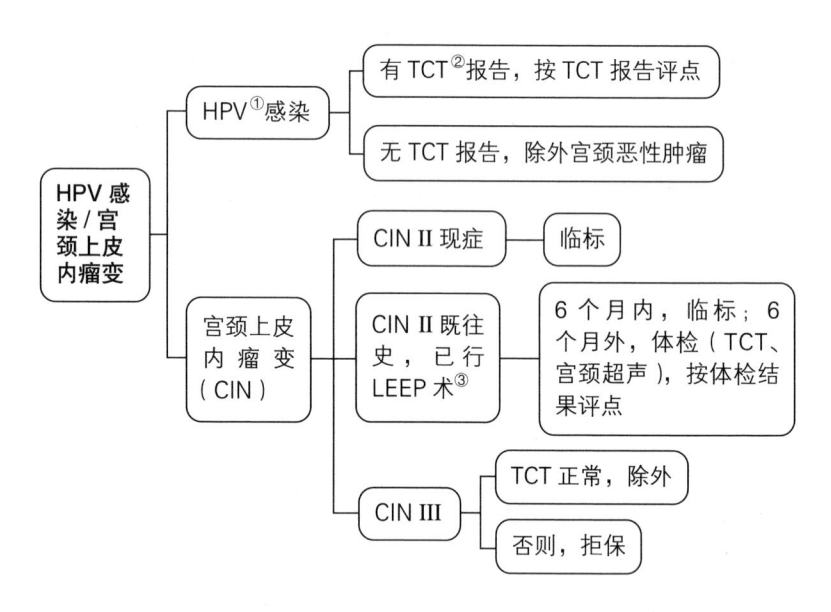

```
HPV 感染/宫颈上皮内瘤变
├─ HPV①感染 ─┬─ 有 TCT②报告，按 TCT 报告评点
│            └─ 无 TCT 报告，除外宫颈恶性肿瘤
└─ 宫颈上皮内瘤变（CIN）
   ├─ CIN Ⅱ 现症 ── 临标
   ├─ CIN Ⅱ 既往史，已行 LEEP 术③ ── 6 个月内，临标；6 个月外，体检（TCT、宫颈超声），按体检结果评点
   └─ CIN Ⅲ ─┬─ TCT 正常，除外
             └─ 否则，拒保
```

---

① HPV，即人乳头状瘤病毒，是一种导致宫颈癌发病的病毒。
② TCT，即液基薄层细胞学检查，是一种特殊的对子宫颈细胞进行检查以判断宫颈病变的检查方法。
③ LEEP术，即宫颈环形电切术，是很多女性发现宫颈病变后，常采用的一种切除病变组织的手术方法。

其实，以上列举的这些健康异常情况，对于最终能否投保重疾险并不具有决定性意义。我在上一节讲过，不同保险公司对于同样的健康情况，给出的核保结果可能是不一样的。所以，我们只需要对保险公司投保书上的询问项目进行真实、详细的告知即可。如有必要，还需配合提供详细的材料，比如体检报告、就诊病历等。保险公司自然会根据这些信息做综合评估，给出核保结果。

当然，日常生活中，常见的健康异常指标有很多，本书不可能一一列举。但是，保险公司的核保结果并不是根据单一指标得出的，而是要对整体情况做评估。以下是某保险公司出具的可以按照标准体承保的"白名单"，供你参考：

符合以下情况可按标准体承保：

（1）单纯超重：BMI[①] < 30（无其他异常）。

（2）婴幼儿先天性心脏病史（包括房间隔缺损、室间隔缺损、动脉导管未闭）：未手术，目前心脏超声正常。

（3）川崎病：已痊愈3年及以上，无合并症、心脏超声及心电图复查均正常。

（4）妊娠期甲亢：分娩后复查甲功正常。

（5）妊娠期甲减：分娩后复查甲功正常。

（6）妊娠期糖尿病：分娩后糖化血红蛋白、OGTT[②] 正常。

---

① BMI，即身体质量指数，是国际上常用的衡量人体胖瘦程度以及是否健康的一个标准。计算公式为：BMI=体重（kg）/身高（m）^{2}。
② OGTT，即口服葡萄糖耐量试验，用于妊娠期糖尿病的检测。

（7）乳腺纤维腺瘤手术史：病史＞1年，病理为单纯性纤维腺瘤（非增殖性、无异型性），无乳腺癌家族史，近半年内乳腺B超正常。

（8）乳腺炎：已治愈，无并发症，无乳腺结节。

（9）单纯乳腺囊肿：最大直径＜1cm，无可疑超声特征（微小钙化点、血管增多、边缘浸润、纵横比＞1）。

（10）单纯性肾囊肿：最大直径＜5cm。

（11）肾结石：总数不超过3个，最大直径＜1cm，无鹿角状，且无肾功能损害、肾积水、肾绞痛症状。

（12）单纯性肝囊肿：最大直径＜5cm。

（13）单纯脂肪肝。

（14）单纯乙肝病毒携带：女性，无药物治疗史，近半年体检中肝脏B超无异常，肝功能、甲胎蛋白、乙肝DNA均无异常。

（15）肝血管瘤：直径＜5cm，无明显生长趋势。

（16）胆囊息肉：随访超过半年以上，最大直径＜1cm，无增大、无症状。

（17）胆囊炎/胆囊结石：无症状，无黄疸、胰腺炎或胆管狭窄。

（18）急性轻度疾病胰腺炎：单次发病，非酒精引起且已痊愈6个月以上。

（19）浅表性胃炎/非萎缩性胃炎：病理无肠化，无其他异常。

（20）十二指肠溃疡：已治愈，无上消化道出血或穿孔史，无并发症。

（21）单发结肠息肉：病理良性（无非典型性/异型性），一年随访肠镜正常。

（22）单发胃息肉：病理良性（无非典型性/异型性），一年随访胃镜正常。

（23）肺结核：已治愈且无后遗症，无活动性病灶。

（24）轻度哮喘：既往无住院、超过3年无发作无就诊、无哮鸣或胸闷、无反复的呼吸道疾病就诊史，无须服药控制。

（25）慢性中耳炎：已手术，无听力受损，无后遗症。

（26）过敏性紫癜：>1年，没有肾脏受累的临床依据，尿检正常。

（27）单纯血脂升高：总胆固醇<7mmol/L、甘油三酯<3.5mmol/L，且不伴有超重及长期大量吸烟史。

（28）高尿酸血症：血尿酸<550μmol/L。

（29）单纯血肌酐降低。

（30）胆红素升高<1.1倍，无其他异常情况。

（31）甲亢：目前甲状腺功能正常，无症状及并发症。

（32）甲减（儿童除外）：目前甲状腺功能正常，无症状及并发症。

（33）桥本/亚急性甲状腺炎：目前甲状腺功能正常，无症状及并发症。

（34）单纯甲状腺囊肿：不超过1cm，无可疑超声特征（微小钙化点、血管增多、边缘浸润、纵横比>1）。

（35）宫颈上皮内瘤变1级，无其他异常。

（36）轻中度宫颈炎、宫颈囊肿、宫颈肥大：TCT结果正常或轻、中度炎症反应。

（37）子宫肌瘤：< 5cm，无明显生长趋势，无症状。

（38）子宫内膜息肉：已手术，病理良性，无非典型性/异型性。

（39）单纯性卵巢囊肿：无实性成分、外观光滑，< 5cm。

（40）单纯卵巢黄体囊肿：无并发症。

（41）单纯盆腔积液：< 2cm，无其他症状。

（42）轻度缺铁性贫血：男性血红蛋白＞ 11.1g/dL，女性＞ 9.6g/dL。

（43）轻度地中海贫血（包括无症状基因携带者）：男性＞ 11.1g/dL，女性＞ 10g/dL，且保持稳定。

（44）单纯频发房早：< 20次/分钟，无症状，无其他心脏疾病。

（45）单纯偶发室早：无症状、无其他心脏疾病。

（46）轻微二尖瓣/三尖瓣反流：无心脏疾病、无其他心脏瓣膜疾病、无症状，无意发现，无须治疗。

（47）白癜风、慢性荨麻疹、带状疱疹、神经性皮炎：病情稳定，无严重并发症，未累及其他组织器官。

（48）下肢静脉曲张：轻度和中度，手术后或无须手术，无并发症。

（49）鼻息肉、声带息肉、声带小结：已手术，病理良性，无复发。

（50）脂肪瘤：已手术，病理符合，未再复发。

如存在以上疾病的客户仍需在投保时明确告知，且提供详细的医疗检查报告，核保员会根据实际情况审核，存在要求客户进一步体检的可能性。此评点仅针对存在以上疾病中一项的客户，且承保结果以最终人工核保结果为准。

▶▶▶ 延伸阅读

有这样一个案例：

李先生为自己同时投保了两家保险公司的重疾险，告知了自己患有非萎缩性胃炎，其中 A 公司的核保结果为除外承保，B 公司的核保结果为标准体承保。

后来李先生得了胃癌，B 公司正常理赔，而 A 公司拒赔。

李先生把 A 公司告上了法庭。他认为，同样的身体状况，同样的"恶性肿瘤"责任，B 公司能正常承保，A 公司非要除外，不合理。最终，法院支持了他的请求，A 公司也理赔了。

你觉得合理吗？

22 除了疾病，还有什么因素会导致保险公司拒保？

我的一位客户要去做消防员，问我能不能买重疾险。

我："对于你要买的这款重疾险来讲，如果职业是消防员，是会被拒保的。"

客户："可我现在还不是消防员，属于无业。"

我："你要买的这款重疾险，只承保两种无业人员：一种是家庭主妇，另一种是离退休人员。"

客户："那我怎么办？"

我："只能换一款重疾险试试了。"

▶▶▶ **专业解析**

除了健康异常，还有一些其他原因会影响重疾险的核保结果。

1. 年龄限制

大多数的重疾险产品能接受的被保险人的年龄上限为60周岁，有的还要再低一些。比如，以下是某重疾险合同中对被保险人的年龄的要求：

投保年龄　指投保时被保险人的年龄，投保年龄以周岁计算。本主险合同接受的投保年龄为18周岁至55周岁。

2. 职业限制

重疾险常见的拒保职业见下表。

重疾险常见的拒保职业

序号	拒保职业
1	海上、船上、高空、森林、山区、山地、地下、潜水、水下、隧道坑道、井下作业人员
2	4吨以上卡车、液化或气化油罐车司机及随车人员
3	涉及或接触任何危险物（化学物质、爆炸物、有毒物质等）
4	高压电或带电作业
5	现役军警人员中的地面部队、海军陆战队、水兵、空军飞行员、前线军人、特种部队人员，或防爆警、刑警、军警校学生、消防队员
6	涉及铁牛车、机动三轮车、吊车、直升机、行车、工作时间内摩托车的驾驶或操作
7	机械厂、钢铁厂、造修船业、挖泥船、锅炉、石棉瓦、采掘工人
8	战地记者
9	武打、特技、杂技演员
10	海水浴场救生员
11	烟囱或高速公路清洁工
12	职业保镖
13	军事武器弹药研究或管理人员

3. 财务限制

如果你想投保高保额重疾险，保险公司一般都会要求提供收入证明（个人所得税和净资产证明）、投资情况、债务情况，或者企业拥有情况以及经营状况的证明（营业执照、验资报告、连续3~5年的审计报告、税务情况等）。如果达不到标准，很可能会被拒保。

4. 保额限制

保险公司会对单一被保险人的总保额做出限制，这种限制并不局限于某一家保险公司，而是同一被保险人在各家保险公司投保的总保额。因此，投保重疾险时，保险公司会要求被保险人告知自己在其他保险公司的投保情况。

除了以上四种常见原因，实务中还有其他影响保险公司核保结果的因素，此处就不一一列举了。不同保险公司对于风控的考虑是不同的，因此消费者在投保重疾险时，需要注意这些差别。

▶▶▶ 延伸阅读

我遇到过另外一种莫名其妙的情况。我在某互联网保险平台尝试投保某款重疾险时，被系统直接拦住了——我连投保的链接都打不开，系统提示我无法投保。

我还没有填写任何材料，怎么就无法投保了呢？后来我找这家互联网保险平台的朋友才了解到，他们使用了大数据风控系统，大数据认为我的风险很高，所以不卖给我。

至于为什么大数据会这么认为，有时候，连平台自己都搞不清楚。

23 被拒保会有记录吗？会影响其他保险公司的核保结果吗？

某保险公司的工作人员和我说，他们公司的预核保是真预核保①，不会给客户留下核保记录。

我还收到过这样两条微信。第一条是一位客户发来的感谢信息："陈老师，谢谢你的助理，帮我成功撤单，没有留下核保记录。"第二条是另一位客户给我发的吐槽信息："某某保险公司真是垃圾，不保我就算了，还给我留下了不良核保记录。"

那么问题来了，为什么客户都怕留下核保记录呢？

▶▶▶ **专业解析**

一般情况下，保险公司会将客户的人工核保结果上传到公司的客户档案中存档。因此，人工核保的记录会被保存下来，并留下记录。如果客户在某家保险公司投保一款重疾险，被保险公司拒保了，那么他再从这家保险公司投保其他同类型的产品，结果也会是拒保。

通常情况下，核保人员会告诉投保人人工核保需要准备的资

---

① 预核保：核保要在投保申请之后完成，预核保就是先进行核保，后进行投保，这样可以保证客户在投保之前就知道自己能不能通过保险公司的核保。

料。如果被保险人在门诊进行了治疗，需要提供其既往就诊记录、复查门诊病历和检查报告单。如果被保险人有住院记录，也需要其提供出院记录、出院小结、病理报告等一系列的检查以及体检报告。因为核保人员需要根据投保人提供的资料，对一些相对复杂且风险性较高的投保申请进行审核，以人工核保的方式来判断被保险人是否属于标准体。

虽然核保的确会留下记录，但这种记录的影响并不大。保险公司不是政府部门，也不是中国人民银行，客户在保险公司留下的记录不会像犯罪记录、信用记录那样对其产生深远影响。而且就目前而言，保险公司之间的核保信息并没有共享，一般情况下是查不到的。但如果保险公司真想查，还是有办法的。比如，保险公司之间会有理赔交流群，对于特殊案件，工作人员会在群里相互交流，此时就有可能查到客户在其他保险公司的核保结果。当然，大家不必担心。只有非常特殊的案件，保险公司才会去做同业排查；一般的案件，保险公司不会去查拒保记录，也查不过来。

但是，为什么有这么多客户担心自己会产生不良核保记录呢？这里既有对保险的误解，也有其现实合理性。

1. 对保险的误解

可能有些卖保险的人为了让客户尽早投保，会宣传"一旦产生不良核保记录，以后买保险就很麻烦了"，但这其实更多的是为了促成客户投保所做的误导式宣传。

事实上，专业的保险公司都会根据自身的风控要求对被保险人的情况进行核保，这个过程是各家公司独立完成的。不同保险公司的核保标准不同，即便是同一家公司，不同保险产品的核保标准也有差异。

2. 现实合理性

不同的保险公司，其专业水平也不一样。虽然核保都是独立完成的，但市场上确实存在"搭便车"的情况，即一些自身核保能力比较弱的保险公司会参考其他保险公司的核保结果。

因此，核保记录对客户再次投保重疾险的确是有影响的，但远没有市场上宣传的那么大。

▶▶▶ 延伸阅读

保险公司一般会在投保时要求客户告知自己在其他保险公司的投保情况，但其他保险公司的核保结果只能作为参考，保险公司不会照搬其他保险公司的核保结果。

如果无法按照标准体承保，保险公司会说明理由。在这么多年的从业经历中，我还从来没有见过保险公司说明的理由是："因为你在其他保险公司的核保结果是非标准体，所以在我这里也是非标准体。"

24 除外承保为何不减费？

很多入行不久的新人不敢开口讲保险的原因之一，就是怕自己不够专业，被客户问住。我觉得这是没有必要的。我在保险行业工作这么多年，还是学保险专业的，照样经常被客户问住。比如，有位客户因乙肝小三阳被加费，因甲状腺结节被除外，他问我："除外这一部分可以少交多少保费？"

我："……"

▶▶▶ **专业解析**

我在第 20 节介绍了 5 种重疾险的核保结果。这里再复习一下加费与除外的概念：加费是指被保险人由于风险比一般人高，所以需要多交一些保费；除外是指保险公司虽然愿意承保，但是对一些特定风险不承担保险责任，比如有甲状腺结节的人可能会被除外甲状腺癌。

局部风险肯定对应一定的成本，那保险公司为何不在除外承保时减去它所对应的保费呢？从业这么多年，我还没有见过哪家保险公司会这么做。可能是因为保险行业的竞争还不够激烈，保险公司的服务还不够精细吧。也许有一天，会出现一种新的核保结果：减费。

▶▶▶▶ **延伸阅读**

还有一些客户，其实也应该被减费。比如，有的客户胆囊摘除了，有的客户已经做过甲状腺全切的手术了，此时保险公司实际承担的风险其实更少了。

让我们期待保险行业更加精细化的服务吧。

25 投保重疾险时身体不好,无法按照标准体承保,如果承保后身体变好了,可以转为标准体吗?

某次公司组织体检,许多女同事发现自己有乳腺结节。大家都有点害怕,便纷纷开始投保重疾险,但有些人被除外承保了。

第二年公司组织体检时,换了另外一家体检机构,大部分人的乳腺结节都"消失"了。有人抱怨道:"我去年买的重疾险被除外了,怎么办啊?"

▶▶▶ **专业解析**

目前,有个别保险公司推出了"核保复议"的服务。核保复议,是指对于非标准体承保的客户,如果在投保之后身体指标变好,可以在重新评估之后转为标准体。甚至有些保险公司的核保复议,是只要身体指标没有恶化就可以在两年后转为标准体。

核保复议对客户来说,当然是件好事。但是,我对这项举措持保留意见。因为保险公司既然要承担投保后被保险人身体变差的风险升高,自然也应该享受投保后被保险人身体变好的风险降低。

▶▶▶ **延伸阅读**

实务中，还有一些客户是因为身体指标异常，暂时拿不到好的核保结果，所以推迟了自己的投保时间。这种推迟不是消极的，客户在推迟的过程中可以通过各种调理，让自己的身体指标变好。

我有一位客户的投保过程长达两年。在这期间，一方面我在帮她寻觅核保宽松的产品并与保险公司做好沟通工作，另一方面她也在积极改善自己的身体指标。

功夫不负有心人，她终于得到了令自己满意的核保结果。

26 有家族病史会影响重疾险的承保及理赔结果吗？

高中时，我的生物老师曾经说过："除了外伤，其他的病都和遗传有关。"

▶▶▶ **专业解析**

重疾险的健康告知中如果问到客户的家族病史情况，客户如实回答即可。只要保险公司核保通过，就不会影响理赔。需要注意的是，不影响理赔的前提是如实告知，若客户对家族病史有所隐瞒，一旦出险，就很有可能会被拒赔。

那么，有家族病史会不会影响承保呢？会！但不代表不能承保。保险公司会根据家族病史的情况与被保险人的身体状况做出综合评估，给出核保结果。

以下内容摘自某保险公司的核保手册：

因遗传基因的影响，家族史有时也是重要的危险因素。如果某个被保险人家庭的成员都比较长寿，而且家族中没有心脏病、癌症、糖尿病及其他重大疾病史，那么该被保险人受这些疾病影响的机会也相对较小。在很多保险公司，家族病史并不直接作为危险分类的标准，除非家族的某些疾病在被保险人身上体现出来。例如，某一被保险人患有高血压或其他心血管疾病，而他的家族成员中有两个或两个以上在60岁前也患过心血管及外周循环系统疾病，则须根据这一家族病史评定额外死亡率。

▶▶▶ **延伸阅读**

当下，一些保险公司的健康告知是不太严谨的。

比如，我帮某位男性客户办理投保手续的时候，投保书中询问其"兄弟姐妹是否有以上情况"，这里的"以上"包括一些女性疾病。

他问我："我姐姐有卵巢囊肿，也要告知吗？"

我说："是的。问了就要告知。"

他说："我是男的，我买保险和我姐姐有卵巢囊肿有什么关系？"

我："……"

27 吸烟、饮酒对购买重疾险有影响吗?

熊某于 2019 年 11 月 23 日因长期饮酒,且伴有胡言乱语、出现幻觉等情况住院治疗。治疗过程中,他因酒精戒断出现谵妄状态,入院诊断为使用酒精引起的精神和行为障碍。12 月 7 日,熊某身故,死亡原因为酒精中毒。

熊某于 2018 年投保了带有身故责任的重疾险,请问,保险公司该不该理赔身故保险金呢?

▶▶▶ **专业解析**

吸烟、饮酒对投保重疾险的确有影响。大多数保险公司的健康告知中都会询问被保险人吸烟、饮酒的情况,投保时如实告知即可。

不同保险公司对于吸烟、饮酒的询问方式不太一样。以吸烟为例,有的保险公司会询问是否吸烟,如果客户选择"是",需要告知每天吸多少支;有的保险公司会询问得更细致一些,比如会问是否每天吸烟 40 支以上。

对于饮酒的询问与吸烟类似,有些保险公司会问得概括一些,有些保险公司会问得具体一些。

虽然保险公司通常会询问被保险人吸烟、饮酒的情况,但这并不代表吸烟、饮酒的人就买不了重疾险。保险公司会在综合评估被保险人吸烟与饮酒的数量、持续的时间、有没有其他身体异常后，给出核保结果。

根据我的实务经验，如果没有其他身体异常，一般情况下被保险人每日吸烟少于 40 支，每日酒精摄入量少于 50 克，是可以被保险公司承保的。

▶▶▶ **延伸阅读**

目前，保险公司对于吸烟、饮酒的询问还不够精细化。上海银保监局《关于保险公司健康告知询问内容风险提示的通知》中就指出，健康告知问题设计过于机械，实际多数人并无固定饮酒习惯，仅偶尔在各类社交场合饮酒，难以量化为日常饮酒量和饮酒年限，因此导致投保人一方无法严格作答，询问结果不真实。

28 职业影响买重疾险吗？如果投保后换工作怎么办？

一位同行给我打电话，内容大概是他的客户被烧伤了，需要理赔；但是病历中显示他的职业是厨师，而且客户是在烧菜的时候被烧伤的，可投保时他在投保书中填写的职业是企业主。

这位同行问我会不会影响理赔。

我问："他到底是企业主还是厨师？"

同行说："既是企业主又是厨师，自己开饭店，自己上灶……"

▶▶▶ **专业解析**

职业对投保重疾险是有影响的。我在第 22 节中对此做过一些阐述，本节我再详细说说。

中国保险行业协会曾经发布的《商业保险职业分类与代码》（T/IAC 0002—2016）中，规定了商业保险中使用的职业分类结构、类别及代码。保险公司在实际经营过程中，会把具体的职业标上不同的风险等级，一般情况如下：

1 类：办公室人群——公务员、程序员、教师等。

2 类：外勤或轻微体力劳动者——推销员、列车乘务人员等（我们卖保险的人就属于这一类）。

3类：涉及部分机械操作——司机、保安、简单维修工等。

4类：有一定的危险性——交警、保安、电梯维修工等。

5类：危险性较高的工作——高空作业人员、电工等。

6类：高危职业——消防员、飞行员等。

7类：极高危职业——烟花制造工、高危化工品生产工等。

有些保险公司还设置了S类、O类，这些危险级别就更高了。

不同保险公司对于不同职业的分类会有差异，不同保险产品能够承保的职业也会有差异。因此，客户在投保时要注意保险公司对于被保险人职业的要求。相对而言，重疾险在所有的保险产品中属于职业敏感度不高的产品，甚至有些重疾险对职业没有任何要求。

那么，如果是对职业有要求的重疾险，在投保时被保险人的职业符合要求，但承保后其职业发生变化，是否会影响理赔呢？一般来说，长期重疾险不会在保险合同中约定被保险人职业发生变更需要告知保险公司。如果没有约定，换工作是没有影响的；但也有少量重疾险合同中对此有要求，客户在投保时最好确认一下。

另外，如果保险事故的发生和职业没有关系，保险公司是不能以职业的原因拒赔的。

▶▶▶ 延伸阅读

许多客户在投保时不知道未成年人的职业该如何填写。一般，6周岁以下还没有上小学的小朋友的职业，应填写"学龄前儿童"；如果上小学了，就填"一般学生"。

29 我把医保卡借给别人用过，还能买重疾险吗？

苏女士在某保险公司投保重疾险，但被保险公司拒保了，原因是她曾经患过糖尿病。这让苏女士颇感意外，因为她并没有确诊过糖尿病。和保险公司的工作人员沟通后她才明白，原来她的母亲曾经使用过她的医保卡就医，留下了糖尿病的治疗记录。

▶▶▶ **专业解析**

我要提醒大家的是，一定要保护好自己的医保卡，就像保护好自己的身份证一样。冒用他人的医保卡是一种违法行为，如果持卡人纵容这种情况发生，也涉嫌违法。医保卡被冒用的后果是很严重的。他人用医保卡看门诊、住院、购药等消费记录，都会记录在持卡人的名下。对于要购买重疾险的持卡人来说，这些记录会被保险公司当成持卡人本人的病史记录，若其中有足以影响保险公司承保的信息，很有可能造成持卡人无法投保重疾险，也很有可能造成理赔纠纷。

因此，即使是家人，也不应当"共享"医保卡。

我国的职工医保有两个账户：一个是个人账户，另一个是统筹账户。个人每个月交纳的那一部分基本医疗保险费用，会直接存入医保个人账户中，这个账户里的钱可以用来支付医药费。统筹账户是基本医疗保险统筹基金中的账户，统筹基金是用来给参保人员报销医疗费用的。2021年4月，国务院正式印发了《关于建立健全职工基本医疗保险门诊共济保障机制的指导意见》，其中明确个人账户可以用于支付参保人员本人及其配偶、父母、子女的由个人负担的医疗费用；2024年8月，这个范围扩大至近亲属。这就是所谓的"医保家庭共济政策"。

但"共济"可不是"共享"。我举个例子你就明白了。比如，案例中苏女士的母亲在定点医院看病花了300元，统筹账户报销210元，剩余的90元是需要她自己负担的医疗费用，她可以用自己的个人账户支付。如果苏女士母亲的医保个人账户里没钱了，苏女士可以通过"共济"的方式，用自己医保卡个人账户里的钱支付。这和"共享"有着本质的区别。

所以，如果你的医保卡曾经被他人冒用过，在购买重疾险的时候，一定要提前告知保险公司，否则日后很可能产生理赔纠纷。

保险公司不同，其对待被保险人医保卡被冒用的记录的处理方式也不同。有的保险公司根本不认可"冒用"的说法，会直接将被保险人医保卡中的所有记录当成其本人的医疗记录；有的保险公司则会给被保险人一个自证清白的机会，要求被保险人体检或者自行出具相关证明。

需要注意的是，即便保险公司愿意给被保险人机会，被保险人也不是在所有情况下都能自证清白。举个例子来说，如果医保卡曾被乙肝病毒携带者冒用并留下相关记录，这是很容易自证清白的；但如果是被高血压患者冒用并留下相关记录，就很难自证清白，因为在常规体检中，高血压患者是可以通过服用降压药来控制血压的。

▶▶▶ **延伸阅读**

2014年9月,王某投保某保险公司的终身寿险,并附加提前给付重大疾病保险。合同于2014年9月20日生效,保险期间为终身,重大疾病保额为10万元。

王某的父亲患有高血压、糖尿病。为了省钱,王某经常使用自己的医保卡在药店为父亲买药;几次带父亲到医院看病,使用的也都是自己的医保卡。

王某投保时,针对健康告知中询问的"您是否目前患有或过去曾经患过下列症候、疾病或手术史?若是请在说明栏告知:B.心血管的疾病,例如高血压、冠心病。G.内分泌、血液系统疾病,例如:糖尿病"中,均选了"否",也没有向保险公司披露曾经用自己的医保卡给父亲看病、买药的情况。

2015年10月,王某因急性心肌梗死入院治疗。出院后,王某向保险公司申请理赔,保险公司以投保前未如实告知为由拒赔,解除保险合同,且不退还已交保费。

30 我想买高保额的重疾险，保险公司要求体检，我不想体检怎么办？

我供职的保险中介机构和某保险公司合作了很多年。这家保险公司的第一代重疾险免体检额度是60万元，也就是保额超过60万元时，保险公司才会要求被保险人体检。

这家保险公司将其第二代重疾险免体检额度改成了40万元，结果销量一下子就降下来了。他们百思不得其解："陈总，免体检额度降了1/3，为什么销量的降幅却超过了50%？"

我说："你们想一想，在销售的环节上，我建议客户投保50万元保额是一件很自然的事，客户不会觉得奇怪。在销售过程中，我还可以建议客户将保额加到60万元，因为多买10万元保额花不了多少钱，用足免体检额度呗。但如果我建议客户买40万元保额，客户就会很奇怪，为什么是40万元？有什么原因吗？这时我该怎么解释，我说40万元不用体检？客户说想买50万元，怎么办？我建议客户在你们这里买40万元，换个保险公司再买10万元？客户如果问我另外一家公司50万元用不用体检，我说不用，客户会说，那我都买另外一家公司的吧……"

如何制定一个合理的免体检额度，其实是一个管理问题。

▶▶▶ **专业解析**

投保重疾险时,保险公司要求客户体检,有一些客户会觉得很麻烦,还有一些客户会担心检查出问题导致自己买不了保险。重疾险理赔时,保险公司需要调查客户的信息,客户就会说:"我投保的时候怎么不好好检查,现在查这查那的,你们是不是不想赔?"

保险公司只想说:"我太难了!"

每家保险公司对于重疾险产品都会给客户一个免体检额度,一般为50万~60万元,是不是觉得不够用?那么,客户如果想要配置更高的保额,又不想体检,应该怎么办呢?

第一,有些保险公司会给优秀的重疾险销售人员更高的免体检额度的权限。比如,普通的销售人员可能有50万元的免体检额度,而优秀的销售人员可能有90万元的免体检额度,这也是在鼓励客户选择优秀的销售人员。

第二,有些保险公司会在特殊时间给出特殊政策。比如,春节期间(业内又把这段时间叫"开门红"),保险公司往往会提高重疾险的免体检额度。

第三,在多家保险公司分别投保重疾险。需要注意的是,保险公司会询问客户在其他保险公司的投保情况,此时,客户一定要如实告知。

第四,有些保险公司能够接受投保重疾险前半年内的体检报告。如果客户的工作单位有年度体检,客户可以把体检报告交给保险公司核保。

如果客户的身体状况有些异常，保险公司可能会安排他去指定的机构进行一些基础的免费体检。个人觉得，投保重疾险的时候，享受一次保险公司安排的免费体检也不错。有些客户对此欣然接受——反正不要钱，为什么不去呢？就算真检查出问题了，也是给自己的健康提个醒嘛。

▶▶▶ **延伸阅读**

我遇到过这样一个案例。一位客户买过重疾险几个月之后，想在同一家保险公司继续投保。一般，保险公司的免体检规则是，所有保险合同的保额加在一起不能超过免体检额度。而这位客户再次投保，累计超过了免体检额度，于是应保险公司要求进行了体检。

几天后，体检报告出来了。体检报告显示他有健康问题，而且有些严重，甚至严重到可以申请理赔了。最后的结果是，这次的重疾险没买成，但之前的重疾险保单理赔了。

这位客户还是很感激保险公司的，因为如果没有这次体检，也许他就发现不了自己身体上的问题，毕竟任何疾病都是早发现早治疗的好。

31 为什么保险公司要求客户做健康告知？

偶尔会有客户和我抱怨："为什么在你这里买保险就要求健康告知，我在某保险公司那里买保险就没有这种要求。我觉得健康告知很麻烦，就像在窥探我的隐私一样。"

▶▶▶ **专业解析**

假设你经营一家保险公司，发行一款只保一年的重疾险，如果有客户出险，需要赔付100万元。

市场上的准客户有10 000人，他们都要买重疾险，但是每个人的健康情况不同。其中，1000人有高风险，出险概率为50%；3000人有中风险，出险概率为10%；其余人有低风险，出险概率为1%。

如果没有健康告知，就意味着你对客户是没有筛选的。假设这10 000人都买了你的重疾险，高风险的人有500人出险，中风险的人有300人出险，低风险的人有60人出险，一共860人出险。每人赔付100万元，你一共需要赔付8.6亿元。

在不考虑其他因素的情况下，这10 000人每人要交8.6万元的保费，你才能不亏钱。

但如果有健康告知，你就可以拒保那高风险的1000人，只承保剩下的9000人。这样的话，最终有360人出险，每人赔付100

万元,你一共需要赔付 3.6 亿元。平均下来,这 9000 人每人只要交 4 万元的保费。虽然你少承保了 10% 的人,但每个人的保费下降了 53%。

如果你的风控再严格一些,把中风险的人也排除,你只承保低风险的 6000 人,最终只有 60 人出险,每人赔付 100 万元,你一共需要赔付 6000 万元。平均下来,这 6000 人每人只要交 1 万元的保费。

这就是健康告知与核保的意义。因此,本节案例中提到的"在某保险公司那里买保险"不用做健康告知,大概率是那个销售人员在误导客户。

▶▶▶ **延伸阅读**

以下是保险界知名人士燕梳猫老师对于取消健康告知的表态:

问:建议取消健康告知。这么多年有那么多不如实告知的案例,保险公司不是照样发展得很好吗?那还不如取消算了。国家的合作医疗以及保险公司承保的"惠民保"不是也不用健康告知吗?未来的方向是不是就是不用健康告知了?

答:如果有机会读到《中国人身保险业重大疾病经验发生率表(2020)编制报告》,您就会知道,在编制这一版重疾发生率表的时候,剔除了"首年暴露"。简单的理解就是:重疾发生率是按照只要被保险人第一年不出险,保险人就不会亏本来编制的。

理论上来说,只要重疾险等待期达到一年,或许真的可以不用健康告知。但是在实际产品开发的时候,各家保险公司都会在定价时基于经验用一些参数,通常是给重疾发生率一个折扣,这才是目前重疾险价格竞争不断加剧的原因。

如果客户愿意接受等待期在一年以上,监管机构也允许(目前监管机构规定等待期最长为180天),然后愿意接受保费大幅上涨乃至保费"倒挂"的话,理论上您的想法确实可行。

"惠民保"属于医疗险,它依靠大销量、低费用、高免赔、控制赔付范围、低赔付比例等控制风险。正是这样的设置换来没有健康告知,也换来诸位代理人还有空间进一步销售其他带健康告知的医疗险,这是不同层次的健康保障。

总结起来,取消健康告知理论上可以,但是在没有超大销量保证的前提下,保险人不愿意做;销量有限的情况下,相信无人愿意花99元保费买个100元保额的保险。

32 如实告知，是我身体有任何毛病都得和保险公司说吗？

我曾和某家保险公司总部的领导说："你能不能亲自填写一下你家的投保书？"

这家保险公司投保书上面的健康告知，可以用三句话来形容：

看都不想看。

看也看不懂。

看懂了也不知道怎么填写。

▶▶▶ **专业解析**

《保险法》

第十六条第一款　订立保险合同，保险人就保险标的或者被保险人的有关情况提出询问的，投保人应当如实告知。

还记得《保险法》中规定的"询问告知原则"吗？投保时，投保人应根据保险公司的询问，如实披露健康情况。整个过程，投保人只需要真实、客观地回答投保书上的询问即可。

所以，如实告知不是身体有任何毛病都要和保险公司说。正确的做法是，保险公司的健康告知中询问什么，我们就答什么；没有问的问题，不必回答。举个例子来说，假设我有脂肪肝，但保险公司只询问我有没有得过肝炎，而没有询问我是否有脂肪肝，此时我是不需要告知对方我有脂肪肝的。

那如果保险公司询问的是"有没有得过肝炎等"，这个"等"字是否可以代表其他疾病呢？是否就包含了脂肪肝呢？不！这在《最高人民法院关于适用〈中华人民共和国保险法〉若干问题的解释（二）》（以下简称《保险法司法解释（二）》）中有明确的规定，对于概括性条款，告知是无效的。

《保险法司法解释（二）》

第六条　投保人的告知义务限于保险人询问的范围和内容。当事人对询问范围及内容有争议的，保险人负举证责任。

保险人以投保人违反了对投保单询问表中所列概括性条款的如实告知义务为由请求解除合同的，人民法院不予支持。但该概括性条款有具体内容的除外。

大部分投保人对待健康告知的态度是比较谨慎的，但也有一部分投保人不太谨慎，匆匆扫一眼健康告知，甚至不看健康告知，直接"一键全否"。这很可能给未来的理赔埋下隐患，大量的理赔纠纷也是由此引起的。比如，体检时发现自己有甲状腺结节，医生可能会和你说没什么问题，是小毛病，但它足以影响保险公司的核保结果。

▶▶▶ **延伸阅读**

关于重疾险的健康告知该如何作答，建议投保人注意以下几点：

（1）有问必答，不问不答。

《保险法》第十六条第一款明确指出："订立保险合同，保险人就保险标的或者被保险人的有关情况提出询问的，投保人应当如实告知。"

因此，投保人应当如实告知所有保险公司提出的询问，遵循"有限告知"的原则，问什么答什么，没有问的一律不答。

（2）认清疾病，注意区分。

如果看不懂健康告知上的病症表述，可以参照现有的病历和体检报告，看看哪些指标有异常，过往身体状况、治疗经历在健康告知中都是有要求的。如果对内容拿捏不准，可以找专业人士帮忙解读。比如，乙肝病毒携带者并不等于乙肝患者，在被问到是否有乙肝或肝炎的时候，选"否"就可以了。

（3）仔细阅读健康告知内容，关键字眼不要看错。

很多健康告知中会涉及时间问题，比如下面这条：

> 被保险人过去2年内是否发现健康检查异常并要求进一步治疗。

类似这种时间上的限定，只要不是在所写时间内发生的，都可以填"否"。

33 不如实告知，可能有什么后果？

2017年3月20日，王先生为自己投保了一份重疾险，保额20万元，保险期间为终身，年交保费4870元，交费期30年。

投保时，保险公司曾询问王先生"是否曾患有或接受治疗过下列疾病：肿瘤（包括恶性肿瘤及尚未确诊为良性或恶性的息肉、肿瘤、囊肿、结节、赘生物）"。

王先生选择"否"，即不曾有这些情况。

2017年12月11日，王先生被诊断为甲状腺乳头状癌，并于出院后申请理赔。

保险公司调查发现，王先生2016年9月22日的体检报告显示，其有甲状腺多发结节，遂以未如实告知为由拒绝赔付。

王先生不服，将保险公司告上法庭。法院认同保险公司主张的王先生存在不如实告知的情况，但法院认为，保险公司对王先生未履行如实告知义务是否足以影响保险公司决定是否同意承保或者提高保险费率，负有举证责任。保险公司没有充分证据证明甲状腺多发结节必然会引发甲状腺癌，由负有举证责任的保险公司承担不利后果。

因此，法院判保险公司赔付王先生重大疾病保险金20万元。

▶▶▶ 专业解析

虽然王先生最后得到了理赔款,但打官司前前后后折腾了 1 年左右的时间。如果王先生所患的疾病比较严重,难道要拖着病重的身体去打官司吗?申请理赔的时候,投保人(被保险人)最希望的就是尽快获得理赔款,而打官司要耗费不少的时间、精力和金钱。而且,没人能够保证每次都能得到案例中的结果。因此,如实告知很重要。

如果不如实告知,就一定不能得到理赔款了吗?不是的。能不能得到理赔款,要看投保人不如实告知的事项是否足以影响保险公司的核保结果。

如果不如实告知的事项不足以影响保险公司决定是否同意承保或者提高保险费率,对保险合同的履行没有影响,保险公司就要理赔。也就是说,虽然投保人没有按照保险公司的询问如实告知,但由于未如实告知的情况对保险公司的核保结果没有影响,所以以后出险了,保险公司还是要理赔的。

如果不如实告知的事项足以影响保险公司决定是否同意承保或者提高保险费率呢?这要分两种情况来看:

(1)如果投保人是故意这样做的,保险公司可以解除合同,而且还可以不退还保费。当然,出险也不会理赔。

(2)如果投保人不是故意这样做的,保险公司可以解除合同,但需要退还保费。若解除合同前被保险人已经出险,又分两种情况:

①不如实告知的情况对保险事故的发生有显著影响,保险公司

不用理赔。

②不如实告知的情况对保险事故的发生无显著影响,保险公司需要理赔。

这么说可能有些绕,我举个例子来帮你理解。

张三投保重疾险一年后,需要做肾移植手术,遂申请按照"重大器官移植术"理赔。

保险公司调查发现,张三在投保前患有肾炎,并未告知保险公司。保险公司的健康告知中没有关于肾炎的相关询问。这种情况下,保险公司需要理赔。

保险公司调查发现,张三在投保前患有肾炎,并未告知保险公司。保险公司的健康告知中有关于肾炎的相关询问,但肾炎不影响保险公司的核保结果。这种情况下,保险公司需要理赔。

保险公司调查发现,张三在投保前患有肾炎,并未告知保险公司。保险公司的健康告知中有关于肾炎的相关询问,而且肾炎会影响保险公司的核保结果。虽然张三不是故意不告知自己有肾炎的,但肾炎对肾移植手术的发生有较大影响。这种情况下,保险公司不用理赔,可以解除合同,但要退还保费。

保险公司调查发现,张三在投保前患有肾炎,并未告知保险公司。保险公司的健康告知中有关于肾炎的相关询问,而且肾炎会影响保险公司的核保结果。张三是故意不告知的。这种情况下,就算肾炎对肾移植手术的发生没有影响,保险公司也不用理赔,可以解除合同,而且不退还保费。

保险公司调查发现，张三在投保前患有肝硬化，并未告知保险公司。保险公司的健康告知中有关于肝硬化的相关询问，但张三不是故意不告知的，而且肝硬化对肾移植手术的发生是没有影响的。这种情况下，保险公司需要理赔。

最后说明一下，本节所做的分析都没有考虑"不可抗辩条款"。有关"不可抗辩条款"的内容，我们下一节再聊。

▶▶▶ 延伸阅读

《保险法》中对投保人不履行如实告知义务的后果，有明确的说明。

第十六条 订立保险合同，保险人就保险标的或者被保险人的有关情况提出询问的，投保人应当如实告知。

投保人故意或者因重大过失未履行前款规定的如实告知义务，足以影响保险人决定是否同意承保或者提高保险费率的，保险人有权解除合同。

前款规定的合同解除权，自保险人知道有解除事由之日起，超过三十日不行使而消灭。自合同成立之日起超过二年的，保险人不得解除合同；发生保险事故的，保险人应当承担赔偿或者给付保险金的责任。

投保人故意不履行如实告知义务的，保险人对于合同解除前发生的保险事故，不承担赔偿或者给付保险金的责任，并不退还保险费。

投保人因重大过失未履行如实告知义务，对保险事故的发生有严重影响的，保险人对于合同解除前发生的保险事故，不承担赔偿或者给付保险金的责任，但应当退还保险费。

保险人在合同订立时已经知道投保人未如实告知的情况的，保险人不得解除合同；发生保险事故的，保险人应当承担赔偿或者给付保险金的责任。

保险事故是指保险合同约定的保险责任范围内的事故。

34 不如实告知，只要扛过两年，保险公司就肯定会赔，是这样吗？

客户李女士有 0.3cm 的乳腺结节，我建议她在投保重疾险时如实告知保险公司，并且提示她，保险公司很有可能会除外乳腺癌及其并发症。

她说："不告知保险公司也没事，反正两年后都能赔。"

▶▶▶ **专业解析**

本节案例中李女士说的"两年后都能赔"，涉及一个非常受关注的条款——不可抗辩条款，即保险合同生效两年以上，保险公司不能解除合同，而且应当给予赔付。触发不可抗辩条款的前提就是不如实告知。这个条款让有的消费者企图在投保时隐瞒自己的健康异常情况，甚至有的保险从业者还以此鼓励消费者不要如实告知。

关于不可抗辩条款，我将自己曾经写给保险从业者的一段话摘录在这里。相信读完以后，你会对这项条款有一个清晰的认识。

1. 不可抗辩条款适用于"过失不如实告知"还是"故意不如实告知"？

都适用。对，你没有看错，无论是因过失造成的未履行如实告知义务，还是故意不履行如实告知义务，都适用不可抗辩条款。

这在现行《保险法》第十六条中有明确规定，目前在售的保险产品的合同中也会约定。至少我看过的保险合同是这样的。

2. 不可抗辩条款是不是一定要两年以后才能使用？

不是，以下三个条件满足任意一个条件就可以：

（1）保险公司已经知道客户未如实告知，但没有在30天内解除合同。

（2）保险合同生效满两年。

（3）签合同时保险公司已经知道客户没有如实告知。

3. 不可抗辩的情况一旦发生，保险公司只是不能解除合同吗？

除了不能解除合同，被保险人发生保险事故的，根据保险合同的约定，保险公司还要承担保险责任。比如，某重疾险合同是这么写的："前条规定的合同解除权，自我们知道有解除事由之日起，超过30日不行使而消灭。自本合同成立之日起超过2年的，我们不得解除合同；发生保险事故的，我们承担给付保险金的责任。"

需要注意的是，承担保险责任的前提是被保险人在保险期间内发生保险事故，否则，保险公司还是不用理赔的。举个例子来说，如果客户得了肝癌之后才买的重疾险，那么无论过了多少年，他在投保前得的肝癌都是不能理赔的，因为保险事故一定要发生在保险期间内。虽然实务中这种情况有理赔成功的案例，但我认为这是不可抗辩条款的错误应用。

4. 我在卖保险的时候故意诱导客户不如实告知，过了两年，若客户发生了保险事故，保险公司是不是一定能赔？

是，但要满足以下三个条件：

（1）保险合同生效满两年。如果你的保险合同是一年期的，那当然不行。

（2）这家保险公司愿意遵守不可抗辩条款。对，你没有看错，的确有个别保险公司是不遵守这一条的，除非你愿意打官司。可能有人纳闷，难道保险公司连法律规定都不遵守吗？有可能，这就像法律规定行人不可以闯红灯，但仍有极个别人闯红灯。

（3）你不怕保险公司追究你的责任（我不是危言耸听）。

5. 不可抗辩条款是不是对保险公司不公平？

具体到某个案例中可能会对保险公司不公平，但在实务中，这个条款是必要的。

不可抗辩条款其实是为了限制保险公司滥用合同解除权。假设没有不可抗辩条款，意味着只要投保人没有如实告知，保险公司可以在任何时候解除合同，那么保险公司会更倾向于不发生保险事故的时候，不行使合同解除权。原因很简单，如果客户交了保费却没有如实告知，那么保险公司不仅收了钱还不用承担责任。要是客户出险了，保险公司不但可以解除合同，而且还占用了客户的资金，这一占用可能就是几十年；要是客户没有出险，保险公司相当于白赚了保费。显然，这样做对客户是不公平的。

不可抗辩条款是保险发展过程中的产物，目前还没有比不可抗辩条款更具可行性的方法来限制保险公司行使合同解除权。

6. 我在销售过程中引导客户不如实告知，除了保险公司可能对我追责，还有什么风险？

（1）客户不一定感激你。比如，客户在两年内出险了，没法适用不可抗辩条款。试想一下，客户在很需要赔偿款的情况下会不会对你心平气和？如果你遇到了不遵守不可抗辩条款的保险公司，需要打官司才有可能获得理赔，客户会不会觉得你是骗子？如果保险公司对客户说："只要你告诉我是谁引导你不如实告知的，我就给你理赔。"你觉得客户会怎么选择？

（2）对你的专业形象有损。你帮助客户说谎，说明你也是个不诚实的人。你的人品会受到质疑，专业形象也会受损，甚至在一定程度上会影响到整个保险行业的形象。那么，你的职业生涯能走得长远吗？

7. 为什么有这么多卖保险的人关注不可抗辩条款？

俗话说："人见利而不见害，鱼见食而不见钩。"

如实告知是《保险法》规定的，不可抗辩条款也是《保险法》规定的。投保时多想想如实告知，理赔时多想想不可抗辩，你可能会少很多烦恼。当然，你也可能会少签很多保单。

▶▶▶ 延伸阅读

《保险法》中对于不可抗辩条款的规定（此处为与下文对应，因此再次引用《保险法》第十六条中的条款）：

第十六条第二款　投保人故意或者因重大过失未履行前款规定的如实告知义务，足以影响保险人决定是否同意承保或者提高保险费率的，保险人有权解除合同。

第十六条第三款　前款规定的合同解除权，自保险人知道有解除事由之日起，超过三十日不行使而消灭。自合同成立之日起超过二年的，保险人不得解除合同；发生保险事故的，保险人应当承担赔偿或者给付保险金的责任。

第十六条第六款　保险人在合同订立时已经知道投保人未如实告知的情况的，保险人不得解除合同；发生保险事故的，保险人应当承担赔偿或者给付保险金的责任。

某重疾险合同中对于不可抗辩条款的约定：

9.1　明确说明与如实告知

订立本合同时，我们会向您说明本合同的内容。

本合同中免除我们责任的条款，我们在订立合同时会在投保单、保险单或者其他保险凭证上作出足以引起您注意的提示，并对该条款的内容以书面或者口头形式向您作出明确说明，未作提示或者明确说明的，该条款不产生效力。

我们就您和被保险人的有关情况提出询问，您应当如实告知。

如果您故意或者因重大过失未履行前款规定的如实告知义务，足以影响我们决定是否同意承保或者提高保险费率的，我们有权解除本合同。

如果您故意不履行如实告知义务，对于本合同解除前发生的保险事故，我们不承担给付保险金的责任，并不退还保险费。

如果您因重大过失未履行如实告知义务，对保险事故的发生有严重影响的，对于本合同解除前发生的保险事故，我们不承担给付保险金的责任,但应当退还保险费。

我们在合同订立时已经知道您未如实告知的情况的,我们不得解除合同;发生保险事故的,我们承担给付保险金的责任。

9.2　本公司合同解除权的限制

前条规定的合同解除权,自我们知道有解除事由之日起,超过30日不行使而消灭。自本合同成立之日起超过2年的,我们不得解除合同;发生保险事故的,我们承担给付保险金的责任。

35 我跟卖保险的人说了身体状况，他说不用如实告知，我该怎么办？

2017年11月，张某的儿子小张咨询银行的保险销售人员，要为全家购买保险。保险销售人员向小张提出了投保建议。

12月7日，张某的体检报告显示：肿瘤相关抗原AFP（甲胎蛋白）增高、铁蛋白增高、高血压病（服药中）、高脂血症、脂肪肝、肝囊肿。

12月13日，小张通过微信询问保险销售人员："我爸左肝查出有囊肿，囊肿是不是癌症？"

12月22日，张某通过保险销售人员投保重疾险，无异常健康告知。

2018年12月，张某罹患肺癌，小张向保险公司申请理赔。

2019年1月20日，保险公司以小张故意不履行如实告知义务为由拒赔，解除保险合同并不退还保费。

小张将保险公司告上法庭。法院最终判决保险公司赔付，因为微信聊天记录可以证明小张已经向保险销售人员如实披露了张某的健康情况。

▶▶▶ **专业解析**

有一次，我帮一位客户丁女士整理保单，发现她都没有如实告知。我把这一发现告诉丁女士时,她非常惊讶。卖给她保险的人,是她在读 MBA 时的同学。丁女士说这位同学从事保险行业很多年,做得特别好,不可能不给客户如实告知。但当我拿着保单上的健康告知页给她看时,丁女士疑惑道:"她怎么能这样呢?我都告诉她了呀!"

实务中,卖保险的人阻拦消费者履行如实告知义务的情况的确有,但这并不会影响理赔,因为大多数卖保险的人和保险公司是代理关系,其一言一行实际代表的是保险公司。

注意,这里说的"卖保险的人",主要包括三类:①我们常说的保险业务员,大多是保险公司的保险代理人。②银行的保险销售人员。银行销售保险也是基于和保险公司的代理关系,本节的案例就是这种情况。③保险代理公司,它和保险公司也是代理关系。

所以,消费者向保险代理人披露了真实的健康情况,就等同于向保险公司披露了真实的健康情况。

当然,如果消费者主张是保险代理人阻拦自己如实告知的,则需要提供相关证据。我曾经处理过一起因不如实告知导致的理赔纠纷案,客户手机里保留了向保险代理人发送体检报告的聊天记录,凭这条聊天记录,保险公司就不得不理赔。

实务中还发生过消费者把保险公司告上法庭,这家保险公司的代理人主动到法庭上为消费者做证,自己当初卖保险时就是没有让消费者如实告知,最终法院判决保险公司败诉的情况。当然,这种情况下,保险公司理赔后是可以向代理人追究责任的。

如果消费者不能举证是保险代理人阻拦自己如实告知的呢?这

种情况虽然不一定会影响理赔，但确实对消费者不利。这说明选择一个靠谱的保险代理人真的很重要。目前，保险行业正在推进销售行为可回溯，也就是俗称的"双录"，即对销售过程进行录音、录像。相信在不久的将来，保险代理人将无法阻拦消费者履行如实告知义务。

除了保险代理人，销售保险的还有保险经纪人。如果是保险经纪人阻拦消费者履行如实告知义务，那就相当于消费者自己未履行如实告知义务，因为保险经纪人代表的是投保人。当然，这种情况下投保人是可以追究保险经纪人的责任的。

▶▶▶ 延伸阅读

我国《保险法》规定：

第一百一十七条　保险代理人是根据保险人的委托，向保险人收取佣金，并在保险人授权的范围内代为办理保险业务的机构或者个人。

保险代理机构包括专门从事保险代理业务的保险专业代理机构和兼营保险代理业务的保险兼业代理机构。

第一百一十八条　保险经纪人是基于投保人的利益，为投保人与保险人订立保险合同提供中介服务，并依法收取佣金的机构。

36 为什么男性的保费普遍要比女性的高？

我在为客户配置重疾险时，只要情况允许，都是为客户全家一起配置的，这在保险行业内叫作"家庭单"。我在2022年"开门红"期间为客户王女士一家做重疾险计划书时，她向我问道："为什么我和我先生的保费差这么多？我们年龄一样大，生日也就差了几天。"

同样的30万元保额，30年交费期，保障终身，王女士每年需要交8349元，她的先生每年需要交8952元，每年相差603元。

▶▶▶ **专业解析**

男性的保费普遍比女性的高，是因为男性的患病风险要比女性高。风险高了，保险公司自然就要多收保费。在生命表①中，男性在各个年龄段的风险都是高于女性的。下图是保监会于2016年发布的《中国人身保险业经验生命表（2010—2013）》之非养老金业务一表中男性和女性的死亡率对比。

---

① 生命表又称死亡表，是根据一定时期的特定区域人口或特定人口群体的有关死亡统计资料，编制成的描述每一类人口在各个不同年龄的死亡率的表。

男性死亡率 / 女性死亡率

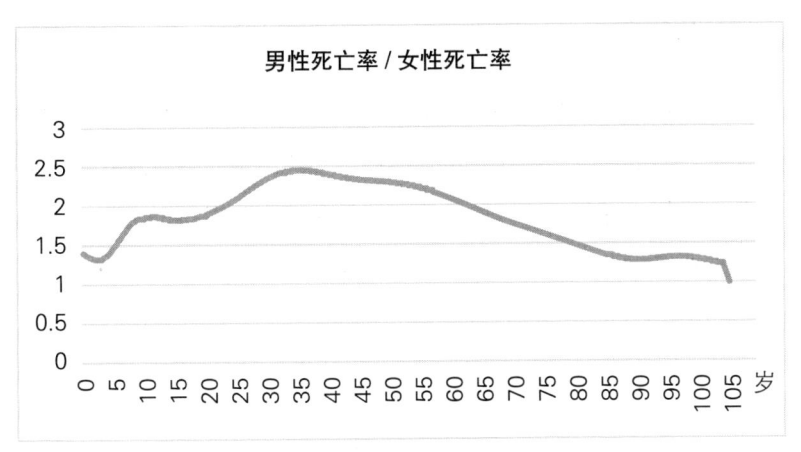

男性和女性的死亡率对比

图中的曲线是用男性死亡率除以女性死亡率所得到的比值画出的，而这个比值始终大于1，说明男性的风险始终高于女性。

那么，男性为什么会比女性风险高呢？我认为原因有很多：

（1）男性的不良嗜好一般比女性多。

（2）风险高的职业或者活动，男性参与的概率更高。

（3）男性一般比女性承担的压力大。

（4）男性通常比较随性，不太注重健康管理。

…………

既然男性面临的风险这么高，还是越早买保险越好。

▶▶▶ **延伸阅读**

影响重疾险保费的因素有很多，包括发病率、利率、费用率、退保率、佣金率等，甚至在很多时候，影响保费的主要因素是市场竞争。比如，近些年我国的保险公司越来越多，互联网又让信息变得越来越透明，这都让重疾险的保费出现下降趋势。

37 长期重疾险的交费期那么长，万一中途交不起保费怎么办？

P2P（互联网金融点对点借贷平台）爆雷[①]潮之后，很多保险客户来退保，原因是他们的钱都在 P2P 里，现在没钱了，交不起保费了。

这恐怕是现代金融业对"城门失火，殃及池鱼"的生动诠释。

▶▶▶ **专业解析**

从业这么多年，我还真没遇到过重疾险交不起保费的情况，基本上都是客户中途不想交保费了。即使是那些被 P2P 爆雷的客户，也不是真的交不起保费了，而是他们对保险的理解不到位，在自己的"心理账户"中没有给保险留下空间。

关于"中途不想交保费"，我想起一位保险业前辈讲的一个案例：

客户刘女士给她的女儿买了一份重疾险，但第三年时，刘女士不想交钱了。前辈说你再想想，交保费有 60 天的宽限期[②]。但快到 60 天的时候，刘女士还是决定不交了。前辈说："这样吧，我替你

---

① 爆雷，金融术语，一般指的是P2P平台因为逾期兑付或经营不善问题，未能偿付投资人本金利息，而出现的平台停业、清盘、法人跑路、平台失联、倒闭等问题。
② 宽限期：保险人对投保人未按时交纳续期保费所给予的宽限时间。

交一年，如果明年你还不想交，就别交了。"没想到的是，这一年中，刘女士的女儿得了乳腺癌。刘女士拿到理赔款的时候，要给这位前辈包红包，但前辈没有收。

当然，虽然我没遇到过，但客户不是不想交保费，而是交不起的情况，肯定也是存在的。比如，客户因为生病导致支出变大、收入降低了。但是，我们买保险不就是为了防止出现这种情况吗？只要合理配置保险，这种情况就不会出现；而且大多数重疾险合同还有保费豁免功能，即使被保险人得了重疾险保障的轻度疾病，保险公司也会免除后续保费。我这里只列举了一种情况，现实中肯定还有很多其他原因导致中途交不起保费的情况。

那么，如果客户在购买重疾险后，中途真的交不起保费了，怎么办呢？

（1）宽限期。

《保险法》

第三十六条第一款　合同约定分期支付保险费，投保人支付首期保险费后，除合同另有约定外，投保人自保险人催告之日起超过三十日未支付当期保险费，或者超过约定的期限六十日未支付当期保险费的，合同效力中止，或者由保险人按照合同约定的条件减少保险金额。

从法律条款中可以看出，宽限期到底是 30 天还是 60 天，取决于保险公司有没有催投保人交钱——催了就是 30 天，没催就是 60 天。但是，了解（又不太了解）保险的人往往以为宽限期就是 60 天，无论保险公司有没有催。为什么呢？因为大多数保险公司都执行了相对友好的宽限期策略，即统一把宽限期定为 60 天。

也就是说，在当下的实务中，从第二期保费开始可以晚交一些，只要不超过 60 天就可以。

（2）效力中止。如果到了第 61 天还没交保费，保单的效力会中止。这种情况下，保险保障就暂停了，但保险合同效力还在。两年内保险公司是不得解除合同的，客户可以通过补交保费的方式申请复效。但需要注意的是，申请复效要经过保险公司的同意。

（3）自动垫交。签订保险合同的时候，客户可以选择开通自动垫交的功能，这样一旦保费没有及时交，保险公司会用保单的现金价值帮客户垫上，避免保单效力中止的情况出现。但现金价值是有限的，一旦不够用，保单效力还是有可能会被中止的。

（4）减额交清。如果客户以后真的无力负担保费了，也可以选择减额交清，大概意思是把整张保单的保额降下来，后面的保费就不用交了，但保险合同还继续有效，只是保额变低了。

（5）展期。减额交清是保险期间不变，保额变少；展期与之相反，即保额不变，保险期间变短。

▶▶▶ **延伸阅读**

我们来看一个案例：

2009年4月3日，高某投保了某款重疾险。

2015年6月2日，保单效力中止。

8月，高某因右乳单发结节住院，医院建议切检，但被高某拒绝。

2016年4月1日，高某申请复效，按照保险公司要求填写了可保性声明，在"您是否曾经患有×××疾病或症状，或因此接受治疗：24. 癌、肉瘤……结节或其他任何包块或肿物？您在过去五年内曾经或正在：28. 接受X线、CT、MRI、核素扫描……或其他诊断检查？29. 接受诊疗、手术、住院治疗、药物或其他方式治疗？"三个问题上，高某都勾选了"否"。

2017年12月，高某住院进行手术治疗，最终被诊断为乳腺癌，遂向保险公司申请理赔。

2018年1月18日，保险公司发出通知：高某在复效保单之前有右乳结节病史，复效时未告知，致使保险公司做出复效保单的决定。因此，根据《保险法》第十六条的规定，对保险合同不予复效，同时对本次重度疾病不予赔付。

申请保单复效时，保险公司会要求客户填写可保性声明，客户须如实作答。否则，即便保单复效成功，理赔也会受影响。

38 我没交完的保费在什么情况下就可以不用交了?

程先生在2011年4月给女儿投保了一份年交21 030元的重疾险,交费期10年。2011年12月,也就是投保后仅8个月,程先生被确诊为急性胰腺癌。经过4个月的治疗,程先生没有好转,于2012年3月身故。由于程先生给女儿买的这份保单带有投保人豁免功能,所以保险公司豁免了第2年到第10年的保费。换句话说,从第2年开始,每年21 030元的保费,一共189 270元,由保险公司替故去的程先生支付。

▶▶▶ **专业解析**

通过阅读上面的案例,相信你已经大概理解"豁免"的含义了。豁免,就是在某些特定风险发生的时候,投保人不用继续交费,但保单利益不受影响。因此,豁免可以简单理解为给"交保费的能力"上了个"保险"。

当然,并不是任何保险产品都有保费豁免功能。涉及豁免后续的保费,就意味着这个保险产品后续必须有保费。所以,短期医疗险、意外险这种交一年保一年的保险产品是没有保费豁免功能的。也就是说,只有长期交费的保险产品(如长期重疾险)才有保费豁免功能。

保费豁免功能最早出现在少儿险中,因为少儿险一般由父母作为投保人，而保费又往往是分期支付的，这样就产生了一个风险，万一在交费期内投保人失去了交费能力，很容易造成保单失效。而父母给孩子买保险，正是为了给孩子一个确定的承诺，这种风险会让承诺无法兑现，因此保费豁免功能诞生了。

以上说的是最早出现在少儿险中的保费豁免功能。经过多年的发展，保费豁免功能已经非常丰富，主要体现在三个方面。

1. 豁免对象

保费豁免的对象包括投保人豁免、被保险人豁免，以及家庭豁免。投保人豁免是指投保人发生某些特定风险时，可以豁免后期保费；被保险人豁免是指被保险人发生某些特定风险时，投保人不用再继续交纳保费；家庭豁免是指投保人的其他家庭成员（如配偶）发生某些特定风险时，投保人不用再交纳保费。

2. 豁免风险

豁免风险，即发生哪些情况时触发保费豁免功能。我见过的豁免风险有身故、残疾、重度疾病、中度疾病、轻度疾病等。有些是单一风险豁免，比如只有在罹患癌症的情况下才豁免，或者只有在身故的情况下才豁免；有些是多风险豁免，比如身故、残疾、重度疾病都可以豁免后续保费。

3. 豁免条款/豁免合同

有些保险公司把保费豁免功能作为保险合同中的一个条款，即保费豁免功能是保险产品自带的，只要消费者购买这款产品，就能够享受保费豁免功能；有些保险公司则把保费豁免功能作为一个附加险，消费者在投保时可以自由选择是否要这个附加险。作为附加险的保费豁免功能，需要额外加钱。

对于消费者来说，投保什么样的保险产品需要附加保费豁免功能呢？这个问题的答案因人而异，没有一定的规则。投保人豁免的功能适用于投保人和被保险人不是同一个人，比如投保人给子女、配偶或者父母投保的情况，尤其是给孩子买保险时，附加投保人豁免的功能可以实现"不因父母的风险影响孩子的保障"。

重疾险的交费期一般都比较长，被保险人在保险期间发生风险的概率也就比较大。如果有保费豁免功能，投保人或者被保险人发生了合同约定的保险事故，就可以不用再交纳后期保费，保险合同依然有效。可见，保险的保费豁免功能是一种非常人性化的保障。另外，如果年交保费很多，保费豁免功能的意义也是比较大的。

当然，投保人可以不用继续交纳保费的情况不止保费豁免一种。还有一些情况，投保人可以不用继续交纳保费，比如保险合同在交费期内终止，办理了减额交清，投保人购买了可以自主决定交费期的万能险，等等。

▶▶▶ **延伸阅读**

对于"投保重疾险的时候，投保人的豁免会占用投保人自己的免体检额度"这句话，不了解保险的人可能看不太明白。我举个例子来帮助大家理解。

假设我作为投保人，给我的儿子买了重疾险，附加投保人（我自己）豁免的功能。这样就可以保证，即便我在交费期内出现风险，我儿子的保单利益也不会受到影响。

但如果我要在同一家保险公司再给我自己买重疾险,本来这家公司给我的免体检额度是 60 万元,但我要真投保 60 万元保额,保险公司肯定会让我体检。为什么呢?因为我给我儿子买的保险附加的投保人(我自己)豁免的功能,会"吃掉"我的一部分免体检额度。

这其中的道理很简单:我出事了,后续保费豁免,实际上是保险公司替我给我儿子交了保费,实际承担了风险。

39 各家保险公司的产品价格差异为什么这么大？

我为某客户推荐了一款重疾险产品，保额50万元，交费期20年，年交保费10 962元。现在的消费者都习惯货比三家，所以他也去咨询了其他保险公司，其他保险公司给他推荐了另外一款产品，同样的保额，交费期20年，年交保费14 800元。

两款产品一对比，保费相差这么多，对方跟他说，保险是一分钱一分货的，这个产品贵有贵的道理。此时客户也开始动摇了，于是跑来问我："保额都是50万元，两款产品的价格怎么会有这么大的差异？"

▶▶▶ **专业解析**

不同保险公司的产品价格有差异，是一件奇怪的事吗？你能接受不同品牌的汽车价格差异大，你也能接受不同品牌的手机价格差异大，为什么唯独对保险的价格差异抱有疑问呢？

保险其实与汽车、手机这类普通商品没什么区别，不同保险公司的产品价格有差异，是很正常的。我刚加入保险行业时听培训老师说过，全行业的生命表和预定利率都一样，各家保险公司的产品价格都差不多，所以买保险不用看价格，只要看公司的实力和服务就可以了。但事实上，这是一个谣言。

要解释"各家保险公司的产品价格为什么差异大"这个问题，

我们要先了解保险产品的定价原理。影响保险产品价格的因素主要有三个：风险发生率、投资收益率、保险公司的经营成本。

1. 风险发生率

具体到重疾险，就是指被保险人发生重疾的概率。

还记得我在前面提到过的生命表吗？它反映的是社会平均年龄及不同年龄人群的生存率和死亡率，被广泛用于人身保险产品的定价、准备金评估、保单现金价值计算等各个方面。生命表是评估风险发生率的重要工具之一。虽然全行业有统一的生命表，但是并不代表每家保险公司都要使用它来给产品定价。

生命表上的数据代表的是全行业的平均数据，但不同保险公司的客户群体是不一样的，所以其风险发生率也是不一样的。比如，一些大型保险公司在全国各地都有分公司，它的客户自然也来自全国各地，其风险发生率可能就更接近整个保险行业的平均数据；而有些保险公司可能只在东部沿海地区的一些大城市有分公司，其风险发生率就会和整个保险行业的平均数据差异较大。

不仅如此，一些保险公司的销售人员年龄偏小，可能这些年轻人周围的客户群体也会比较年轻；还有一部分保险公司的销售人员年龄偏大，可能造成其客户群体的年龄也偏大。所以，不同保险公司的客户的年龄结构有可能是不一样的，其风险发生率自然也不一样。

造成不同保险公司风险发生率有差异的原因还有许多，比如不同保险公司的重疾险的保险责任也是有差异的。因此，强制要求各家保险公司使用同一个风险发生率是不公平的。各家保险公司对于自己使用的风险发生率是有一定掌控权的，这就导致其产品价格与其他保险公司有差异。

2.投资收益率

如果保险公司的投资能力强,收到客户的保费之后,能够使之产生比较多的投资收益,那就可以少收点保费;反过来,如果保险公司的投资能力弱,就需要多收点保费。这个影响因素的专业术语叫作保险产品的"预定利率"。

虽然监管机构对于预定利率是有要求的,但是因为不同保险公司的投资能力不一样,各家保险公司可以根据自己的情况,对预定利率做出一定的调整。

3.保险公司的经营成本

保险公司在保障客户的同时会产生经营成本,而这些成本要分摊到每位客户身上。有些保险公司经营效率高,成本就低;有些保险公司经营效率低,成本就高。

现在,你明白为什么不同保险公司的产品价格会有差异了吗?

本节案例中,客户发现两家保险公司的重疾险的保额相同,但保费不同,这是正常现象。不同保险公司的重疾险产品的保险责任不是完全相同的,即便是同一家公司的两款重疾险产品,其保险责任也不会完全相同。比如,保障的疾病种类和定义可能不同,等待期可能不同,所保障的疾病是否分组、如何分组也可能不同,还有赔付次数、间隔期[①]的差别等,都会影响到重疾险的价格。

[①] 间隔期:市场上多次赔付的重疾险的特有名词,指保险合同中约定的疾病多次赔付中间的间隔时间限制。比如,某款重疾险可赔付两次重度疾病,但是第二次确诊赔付需在第一次赔付一定时间后才行,中间这段时间就是间隔期。

可见，影响重疾险价格的因素有很多，各家保险公司的产品价格有差异，实在是再正常不过的了。但正因如此，客户不能单单以价格的高低来衡量某款产品的性价比，还要具体问题具体分析。在选择重疾险产品时，货比三家没有错，但还是要把专业的事交给专业的人来做。

▶▶▶ **延伸阅读**

除了风险发生率、投资收益率、保险公司的经营成本这三个影响因素，有时候保险公司的经营策略也会影响保险产品的价格。大学时的精算学老师在课堂上给我们讲过这样一个案例：

某跨国保险巨头要进入某东南亚国家的市场，却没有对产品进行科学的定价，而是照搬了当地一家保险公司的产品，并且在这些产品价格的基础上加价5%。因为这家保险巨头发现，该国的消费者对保险产品的价格不敏感，也就是不太在意价格。

事实证明这个策略没错。该保险巨头不但省去了一部分产品开发成本，而且还获得了很好的利润。

Chapter

4

第四章

一

购买指南：投保不迷茫

40 对于重疾险合同，我应该重点看什么？

保险公司有标准化的销售流程，保险销售人员一定要用心学习。流程中每一个看似平常的步骤，都包含一定的道理，比如怎么递送保单。

有一次，我给客户递送重疾险合同，然后在客户那里待了4个小时，因为对方让我一条一条地给他讲。

那时我刚从业不久，这阵势，差点把我难住了，还好我提前做了充分准备……

▶▶▶ **专业解析**

在一次讲解保险理赔的直播中，有观众问："当人情和保险合同上的条款发生冲突的时候，该怎么选择？"我答："先条款，后人情。"

原因很简单，如果选人情，比如你和客户说"合同上怎么约定的你不用管，差不多我们就给你赔"，那么这份保险你也不敢买。

客户买保险的时候不能讲人情，要关注合同条款；保险公司理赔的时候要以条款为准，适当地考虑人情。理解了这个原则，保险行业的纠纷会少很多。

那么，对于重疾险合同，我们应该重点看什么？

1. 核对基本信息

比如，核对投保人、被保险人的身份信息是否有误；保额、保费是否与保险销售人员讲的一样；保费是每期固定的，还是会随着年龄的增长而发生变化；受益人的信息是否填写正确；合同上的联系方式是否填写正确；等等。

我以前见过一份重疾险合同，本来其保额是 30 万元，结果被写成了"300 000 万元"。保险公司居然没发现，就这样承保了。正式合同上也是这么写的。客户问我怎么办，我说："这是好事啊，你不用着急，该着急的是保险公司。"

2. 核对健康告知

这点很重要，为什么？因为很多情况下，投保书可能是保险销售人员替客户填写的。万一对方在这个地方做手脚，就会为以后的理赔埋下隐患。

3. 查看保障责任

这是保险合同的核心，包括等待期、赔付次数与间隔期、疾病分组、保费豁免等。

4. 责任免除

也就是在哪些情况下保险公司不承担赔偿或给付保险金的责任，这些条款在保险合同中会被加粗以突出显示。

5. 保险金的申请条件

（1）看每种疾病的理赔条件。除了新规范中统一定义的疾病，各家保险公司自行添加的疾病是没有行业统一标准的，可能会出现同样的疾病在不同保险公司的理赔条件不一样的情况。

（2）看保险公司在理赔时要求提交的资料。有些保险公司会要求客户提供一些不太合理的资料，比如投保前的体检报告等。

▶▶▶ **延伸阅读**

如果你想要买保险，我有个小建议，就是像本节案例里那位客户一样，让保险销售人员将合同条款逐一为你讲解。这一方面有助于你理解合同，不至于买了之后连它保障的是什么都不清楚；另一方面，也可以检验这位保险销售人员是否专业。

41 保险公司为什么要设置免责条款？

两年前，我用我所有的积蓄买了一份人寿保险，身故受益人是我的父母和哥哥。

我在一本书上看到过可以导致癌症的不良饮食习惯，就牢牢地记下了。我开始吃各种发霉的东西，包括发霉的大米、玉米和花生，吃腐烂的食物，使用过期的油，同时我还无节制地喝烈性酒。

我这样做时身体非常难受，但是我必须成功，因为我把所有的钱都押上了，我必须做出牺牲才能救我的家人。

我这样坚持了两年，终于成功了。不久前我的身体出现了问题，我瘦得很快，浑身无力、呕吐、不想吃东西。我去医院检查，那个女医生说我得了肝癌，已到晚期。

由于我投保人寿保险较晚，我死后大约可以得到 7 万美元的保险金。如果真主能饶恕我的罪孽，让我在天堂里可以看到我的父母和哥哥过上好一点的生活，我就心满意足了，但是我必须忏悔我的行为才能感到心安。

我的生命是微不足道的，我清楚地知道我死后是没有人会知道的，更没有人会在乎，除了我的父母和哥哥。他们收到保险公司的钱以后，当然就会知道我已经不在了，他们会为我难过，不过那已经无所谓了。[1]

---

[1] 苡程. 不说，就真来不及了：纽约客的临终遗言[M]. 北京：新星出版社，2012.

▶▶▶ **专业解析**

案例中的当事人如果生活在中国,他完全可以买一份重疾险,这样他就不用等到身故后再拿到保险金了,也就不用等到上了天堂再去看父母和哥哥过上好一点的生活了,因为肝癌是重大疾病。

相信大多数看到这个案例的人,不会去考虑保险公司的感受,甚至许多人会认为保险公司就应该赔钱。可是,大家不要忘记了,保险公司只是一个普通的市场主体而已。

我在很多场合中说过:"每一项免责条款背后,可能都是保险发展史上一系列血淋淋的案件的结果。"各家保险公司设置的免责条款略有差别,以下是某重疾险合同中的免责条款:

因下列情形之一导致被保险人发生"重大疾病"的,我们不承担给付保险金的责任:

(1)投保人对被保险人的故意杀害、故意伤害;

(2)被保险人故意自伤、故意犯罪或者抗拒依法采取的刑事强制措施;

(3)被保险人主动吸食毒品;

(4)被保险人酒后驾驶机动车;

(5)被保险人感染艾滋病病毒或者患艾滋病(不包括经输血、因职业关系、器官移植导致的艾滋病病毒感染或患艾滋病);

(6)战争、军事冲突、暴乱或武装叛乱;

(7)核爆炸、核辐射或核污染;

(8)遗传性疾病[不包括严重肾髓质囊性病、严重肝豆状核变性（Wilson 病）、艾森门格综合征及成骨不全第三型］，先天性畸形、变形或染色体异常。

只要你仔细读一遍，就不难发现，这些几乎都属于不得不存在的免责条款。如果没有前两项免责条款，可能会诱发许多的伤害或者自伤。

另外，保险公司的免责是有边界的。免责条款中约定的情形必须是导致发生重大疾病的原因时才能免责。比如，上述第（4）项"被保险人酒后驾驶机动车"，如果酒驾受伤后就诊发现了肝癌，保险公司仍然要理赔，因为酒驾并不是被保险人罹患肝癌的原因，这种情况我在实务中是遇到过的。

同时，在保险销售过程中，保险公司必须把免责条款说清楚，否则免责条款是不生效的。

《保险法》

第十七条第二款　对保险合同中免除保险人责任的条款，保险人在订立合同时应当在投保单、保险单或者其他保险凭证上作出足以引起投保人注意的提示，并对该条款的内容以书面或者口头形式向投保人作出明确说明；未作提示或者明确说明的，该条款不产生效力。

▶▶▶ **延伸阅读**

重疾险通常对"先天性畸形"免责，对此，我认为是值得商榷的。先天性畸形指的是出生时就存在的畸形，但由于人们通常不会给新生儿做全面的健康检查，所以只要没有明显的症状，很多先天性畸形是无法被及时发现的。实务中常见的"先天性心脏病"就是如此，很多人可能到四五十岁才发现自己有先天性心脏病。

因此，我认为保险公司可以在一定程度上保障先天性畸形导致的重大疾病。事实上，国内目前已经有保险公司对此做出过尝试，但还不够普遍。

42 保单复效后还有等待期吗？

丁女士是做服装生意的，由于去年服装店的经营状况不佳，家中老人又因病住院花了不少钱，导致她没有足够的钱交纳重疾险的保费。好在今年生意有了起色，丁女士手里有了钱，便联系保险代理人补交保费。保险代理人提醒她，由于她一年多没有交纳保费，保单的效力中止了，要想恢复保单的效力，她需要申请保单复效。在申请保单复效时，丁女士发现自己不仅要再做一遍健康告知，等待期也要被重新计算。

▶▶▶ 专业解析

关于"保单复效"，我在第37节简单提到过。这一节，我们就来仔细讲讲这个问题。

什么情况下需要申请保单复效呢？长期重疾险的保费通常是分期交付的，从第二期保费开始，投保人可以在交费日后的60天内完成交费，这60天被称为"宽限期"。如果超过宽限期还不交费，保单的效力就会中止。注意：是中止，不是终止。中止不是结束，只是暂停。通常，保单的中止期为两年，在这期间，保险公司是不能解除合同的，而投保人可以在此期间申请保单复效，就是恢复保单效力。

《保险法》

第三十七条第一款　合同效力依照本法第三十六条规定中止的，经保险人与投保人协商并达成协议，在投保人补交保险费后，合同效力恢复。但是，自合同效力中止之日起满二年双方未达成协议的，保险人有权解除合同。

《保险法》中关于保单复效的规定就这么简单。那么问题来了，投保人申请复效时要不要做健康告知？保单复效后要不要重新计算等待期？

虽然《保险法》中对上述问题并无明确规定，但各家保险公司都会在保险合同中进行约定。当然，正因为法律没有明确规定，所以各家保险公司的约定会略有差异。

一般来说，保单复效后保险公司会重新计算等待期，而且大多数保险公司会要求投保人在申请保单复效时做健康告知。我认为这样约定是合理的，否则就容易出现已经发生或者即将发生保险事故，投保人才来申请复效的情况，这对保险公司来说显然是不公平的。

▶▶▶ **延伸阅读**

下面我们来看一个案例。请仔细查看这个案例的时间线，你觉得这个判决合理吗？

2016 年 6 月 13 日，林某投保防癌险，保额 30 万元。

2017年7月17日，林某体检发现甲状腺结节。

多次扣款失败后，保险公司于2017年8月14日中止保单效力。

2018年1月15日，林某申请恢复保险合同效力。在填写被保险人健康及生活习惯告知书时，对于其中询问的"是否曾患有或正在患有或被告知患有'甲状腺疾病'"时，林某勾选了"否"。

2019年5月，林某确诊甲状腺癌，申请理赔。

2019年6月18日，保险公司以林某申请恢复保险合同效力时，故意未履行如实告知义务为由，拒赔并解除合同，退还已交保费。

林某将保险公司告上法庭，法院判决赔付，主要理由如下：

（1）林某申请理赔的时间距离合同成立已经超过2年，保险人不得解除保险合同，应当承担保险责任。

（2）原合同对复效时的告知义务没有特别约定，也没有约定复效时不如实告知的法律后果，故原告即使未如实告知病情，保险公司也不能以此为由拒绝承担保险责任。

43 重疾险真能提前给付保险金吗？

付先生在某保险公司为自己投保了一份终身寿险，保额15万元；附加提前给付重大疾病保险，保额5万元。6个月后，付先生确诊尿毒症。面对庞大的医疗费用，他想起自己投保的重疾险，便向保险公司申请理赔，要求保险公司提前给付重疾保险金5万元。

没想到的是，几天后付先生接到了保险公司的拒赔通知，理由是付先生所投保的重疾险合同中对尿毒症的赔付条件是：确诊后持续接受血液透析90天以上。而付先生刚刚确诊，接受血液透析治疗未满90天，不符合赔付条件。

付先生十分不满，他认为，既然合同上写了"提前给付"，那疾病确诊之后就应该先赔付保险金，不应该等90天。那么，付先生的诉求是否合理？

▶▶▶ 专业解析

保险市场上的确流行过所谓的"提前给付重大疾病保险"，其产品形态一般为一个主险[①]和一个附加险[②]搭配在一起。主险通常是终身寿险。简单来说，终身寿险就是保障被保险人终身，但大多只有在被保险人身故时才会赔付的人寿保险，部分终身寿险还会保障

---

① 主险：可单独投保的保险产品。
② 附加险：附加于主险的保险产品。

被保险人全残①的风险。而附加险，就是本文讲的"提前给付重大疾病保险"。它没有单独的保额，使用的是主险的保额。

举个例子来说，假设主险的保额是 50 万元，附加险的保额是 40 万元。如果被保险人身故，保险公司赔付了 50 万元，则附加的提前给付重大疾病保险也终止了。这很好理解，被保险人都身故了，也就不再需要重疾保险金了。

但如果被保险人得了重疾，保险公司赔付了 40 万元，则主险的保额也相应地减少了 40 万元。也就是说，被保险人以后身故了，只能理赔 10 万元。很多人觉得不合理：明明主险和附加险都让消费者交了保费，为什么附加险赔了，主险的保额也要减少，这不是等于花了两笔钱，只买了一个保额吗？

这其实正是"提前给付"的真正含义。提前给付指的是把身故的一部分或全部保额，提前到罹患重疾的时候赔付。我在本书第 8 节讲过重疾险的来历。巴纳德医生的很多患者是有人寿保险的，他们身故后，保险公司就会赔钱。但是，这对于患者本人的生存并没有意义，因此才诞生了重疾险。我们甚至可以说，重疾险发明的初衷，就是把身故保险金提前到罹患重疾的时候给付。

只不过，在实务中，有些卖保险的人会有意或无意地让消费者以为"提前给付"是指在达到重疾之前就给付，误导了消费者。

那消费者是否真的"花了两笔钱，只买了一个保额"呢？非也！实际上，消费者支付"提前给付重大疾病保险"的保费，是

---

① 全残：由于疾病或意外事件导致被保险人完全地、必然地和永久地不能从事任何工作或维持日常生活的状况。

在购买身故保额的提前给付权，因为金钱是有时间成本的。因此，如果只看附加险的保费，你会发现它远低于一款真正的重疾险的保费。

▶▶▶ **延伸阅读**

在本节案例付先生所投保的重疾险合同中，对于重大疾病保险金责任做出了明确约定，即"在保险合同有效期内，被保险人罹患重大疾病的，保险公司按照附加重大疾病保险合同保额给付重大疾病保险金；给付后，主保险合同保额等额减少"。

44 重疾险也有理财功能吗？

我曾参加过某证券公司的客户交流会，主讲人讲了什么我已经记不起来了，只记得交流环节我提了个问题："我发现，保险虽然也属于金融板块，但是保险股票的走势好像跟您刚才提到的金融板块的整体表现有所不同……"

主讲人说："保险不同，有很强的消费属性。"

▶▶▶ **专业解析**

很多时候，保险产品真的很不像金融产品。大多数的金融产品的功能是"存钱"或"赚钱"，而保险则更注重"保障"，因为保险姓"保"嘛。用我们这些卖保险的人常说的话：别的金融产品是用来赚钱的，保险是用来守住钱的。

但保险确实是如假包换的金融产品，保险也能"存钱"，比如许多保单是有现金价值的。按理说，保险公司承担多少风险，就应该收取多少保费（这样的话，就没有现金价值了）。但事实上，这个逻辑在现实中行不通。

以重疾险为例，通常来讲，年龄越大，风险越高，对吧？如果保险公司承担多少风险就收取多少保费，对于买保险的人来讲，可能就比较麻烦了——每年要交的钱数额不一样。这就变成了年轻的时候收入高，但交的保费少，因为年轻人的风险较低；年老的时候收入少了，反而要交很高的保费，因为老年人的风险较高。这种体验显然不好。

为了解决这个问题，保险公司就把所有的保费集中在一个时间段内收完，比如交费期20年，保障终身。虽然这个保费是用来保终身的，但保险公司要在20年内把它收完，还要把它平均到这20年中，使每年的保费都一样。

这样做的结果就是，保险公司前期收取的保费大于其实际承担的风险，多出来的部分，就是现金价值。现金价值其实就是提前收上来的保费。既然提前收了保费，如果客户半途不想要这个保险了，保险公司就要把现金价值退给客户。

这是现金价值的来源。随着保险行业的发展，保险公司发现通过对现金价值的投资运作，可以为客户创造更多的价值。毕竟保险公司作为机构投资者，其投资能力还是不错的。于是，保险公司就有意多收取一些保费，这样可以积累更多的现金价值，从而靠现金价值给客户创造更多的价值。保险产品的"投资属性"就由此形成了。

对于重疾险的消费者来说，无须过多关注这种投资属性，因为如果消费者很看重保险产品的投资功能，有其他更适合的保险产品可以选择。但是，我也不认同重疾险是纯粹的消费型保险，因为现在很多人买的重疾险的现金价值往往会在某一时刻超过他所交的保费。

我在前文中也提到过，重疾险更像是消费者把原来存在别的地方（如银行）的钱存在保险公司。这期间如果被保险人得了合同约定的疾病，达到了理赔条件，保险公司会赔付一大笔钱；如果没有发生合同约定的疾病，这笔钱还是消费者本人的，甚至还能增值。

即使没有现金价值的重疾险，实际上也能帮助消费者实现更好的应急效果。这一点我在本书第 13 节中已有论述。

有些消费者想通过购买分红型的重疾险，实现保障与收益的"双丰收"。这里需要特别提醒一下，在我国现行的监管规定下，没有分红型的重疾险。

《分红保险精算规定》
三、分红保险可以采取终身寿险、两全保险或年金保险的形式。保险公司不得将其他产品形式设计为分红保险。

市场上一些号称"分红型重疾险"的产品，实际上是分红险和重疾险打包在一起的产品组合。保险公司把一个产品拆分成主险和附加险——主险不包含重疾保障责任，但是带分红功能；附加险包含重疾保障责任，但是不带分红功能。这样就在不违反监管规定的情况下，变相实现了重疾险的"分红"效果。

▶▶▶ **延伸阅读**

如果你看到一家保险公司一年的保费收入是 8000 亿元，理赔支出是 350 亿元，你会怎么想？

"哇，保险公司太赚钱了！收了 8000 亿元的保费，才赔 300 多亿元，这不赚疯了吗？！"

那如果我告诉你，绝大多数保险公司的保费收入都远大于理赔支出，你又会怎么想？

"保险行业真是黑啊！"

我经常说，大是大非的问题，用最基本的常识就能判断。如果保险行业真这么赚钱，恐怕每个人都会想方设法地进入这个行业了。

保险公司的保费收入和理赔支出是有很大的时间错配的。我们国家的保险业，尤其是面向个人的人身保险，发展时间还不长，大多数被保险人还比较年轻，还没有到健康风险的高发期。因此，我国目前还没有进入理赔的高发期。

但是，国家金融监督管理总局公布的数据显示，2024年人身险原保费收入同比增长率为13.22%，而赔付支出同比增长率为40.66%。

45 重疾险所承诺的增值服务是真的吗？怎么不在合同中约定？

2021年1月，很多保险公司都做出了择优理赔的承诺。也就是说，如果消费者投保的重疾险使用的是2007版定义，当发生保险事故的时候，可同时参照2007版定义和2020版定义，即哪个对客户有利就按照哪个理赔。但不同保险公司对于择优理赔的呈现方式不同：有的公司是以发公告的方式，有的公司是以服务承诺的方式，有的公司是以给客户的保险合同签发批单的方式。

申请项目：补充告知

客户姓名：×××

告知类型：其他告知

告知内容：对于客户的重大疾病理赔申请，××××以客户为中心，对于保险合同适用的疾病定义，可在中国保险行业协会联合中国医师协会制定发布的《重大疾病保险的疾病定义使用规范》（以下简称"2007版定义"）与《重大疾病保险的疾病定义使用规范（2020年修订版）》（以下简称"2020版定义"）中，择优选择有利于客户的一项作为赔付依据，兑现保险承诺。除该疾病定义择优选择外，原保险合同疾病种类、保险责任及其他约定等内容均保持不变。适用范围：所有适用2007版定义的重大疾病保险产品有效保单，且确诊日在2020年11月5日（含）后。本保单××重大疾病保险适用于前述特别约定。

▶▶▶ 专业解析

什么叫增值服务？目前学术上没有统一的定义，但我们可以简单地理解为为客户提供的保险责任范围以外的其他服务。

在重疾险产品中，最常见的增值服务就是绿通服务，通常包括诊断前的视频医生会诊、诊断中的门诊预约协助及导诊陪诊、住院手术安排、国内第二诊疗意见、国内MDT（多学科会诊）、海外医疗建议及海外就医协助，以及诊断后提供的一些服务等。

不同保险公司的绿通服务差别很大。有些公司只是把绿通服务作为营销工具，将绿通服务的成本算作营销费用；有些公司会把绿通服务作为一项正式服务，甚至可能在为重疾险定价的时候就计算了绿通服务的成本。

除了绿通服务，在重疾险产品中一般还能看到的增值服务包括快速理赔服务、体检服务、法律咨询服务等；还有一些特殊的增值服务，比如2020年新冠肺炎疫情暴发时，各家保险公司推出的扩展新冠肺炎保障责任的服务。

需要说明的是，重疾险所承诺的增值服务肯定是真的。但是，大多数的增值服务都更像"赠礼"，起到锦上添花的作用，所以本身并不会被写进合同。

对于消费者来说，投保重疾险的目的是获得保障，与此同时，可适当关注增值服务，以满足自己的需求。不过，由于保险的销售难度大，个别保险公司在增值服务上下了一番功夫，导致很多消费者也被带动着过于关注增值服务了。

▶▶▶ **延伸阅读**

如果你问我，重疾险中的哪种增值服务最有价值。我的回答是：绿通服务。绿通服务解决了消费者以下三个方面的问题：

（1）消费者得了比较严重的疾病，可以通过保险公司的绿通服务找到适合治疗这个疾病的医院，并及时就医。

（2）消费者通过国内二次诊疗意见、国内 MDT 可以防止误诊，并且得到更好的治疗方案。

（3）消费者通过绿通服务可以做到就医不托人，不用欠人情。

不同保险公司绿通服务的差异较大，如果你比较看重这项服务，建议你在投保前向保险公司详细咨询、了解。

46 重疾险合同中的某些条款约定不清，怎么办？

2018年，小林在公园游玩时不幸发生意外，导致双目失明。

所幸，小林早在2016年就给自己买了一份重疾险，拿到了保险公司理赔的全残保险金。但小林认为，保险公司应该理赔重大疾病保险金，因为他的情况符合保险合同保障的"双目失明"。

虽然这两个项目的理赔金额是一样的，但小林投保的这份重疾险，如果理赔了全残保险金，保险合同就结束了；如果理赔重大疾病保险金，保险合同继续有效，而且能豁免后期保费，以后还有两次理赔重度疾病的机会。

▶▶▶ **专业解析**

我经常开玩笑地说："买保险一定要选择'年幼'的保险公司，因为保险公司是经营风险的。你觉得是一家成立十年的保险公司善于经营风险，还是一家成立上百年的保险公司善于经营风险？你觉得保险公司不善于经营风险对客户来说是有利还是不利？"

虽然这是一句玩笑话，但我在阅读了大量国内外的保险合同之后，发现很多保险公司的合同的确是有漏洞的。本节案例中小林的这份重疾险合同就是有漏洞的。

那么，回到本文的主题，如果保险合同的约定条款有多种解释，该怎么办？

《保险法》

第三十条　采用保险人提供的格式条款订立的保险合同，保险人与投保人、被保险人或者受益人对合同条款有争议的，应当按照通常理解予以解释。对合同条款有两种以上解释的，人民法院或者仲裁机构应当作出有利于被保险人和受益人的解释。

案例中小林的情况既符合重大疾病保险责任，又符合全残保险责任，而理赔重大疾病保险金对于小林而言是更有利的，所以人民法院或者仲裁机构会更支持小林的诉求，即要求保险公司以重大疾病保险金进行赔付。

▶▶▶ **延伸阅读**

其实《保险法》对于格式条款的相关约定与《中华人民共和国民法典》（以下简称《民法典》）是一致的。

《民法典》

第四百九十六条第一款　格式条款是当事人为了重复使用而预先拟定，并在订立合同时未与对方协商的条款。

第四百九十八条　对格式条款的理解发生争议的，应当按照通常理解予以解释。对格式条款有两种以上解释的，应当作出不利于提供格式条款一方的解释。格式条款和非格式条款不一致的，应当采用非格式条款。

47 哪里可以找到各家保险公司的重疾险条款？

对于习惯在投保前货比三家的消费者，如果听说一款产品不错，怎么查看它的条款呢？

▶▶▶ 专业解析

《保险法》

第一百三十五条第一款　关系社会公众利益的保险险种、依法实行强制保险的险种和新开发的人寿保险险种等的保险条款和保险费率，应当报国务院保险监督管理机构批准。国务院保险监督管理机构审批时，应当遵循保护社会公众利益和防止不正当竞争的原则。其他保险险种的保险条款和保险费率，应当报保险监督管理机构备案。

从上述规定中可以看出，保险产品的条款要么需要监管机构审批，要么需要向监管机构备案。如果消费者需要查询保险产品的条款，可以到中国保险行业协会的官方网站上查询。

具体步骤是：登录中国保险行业协会网站（www.iachina.cn），点击"保险产品"，按照查询须知等提示，即可进入财产险产品信息库或人身险产品信息库，输入或选择公司名称、产品类别、产品名称、保险期间等，就可以快速查询到产品条款信息。

除此之外，各家保险公司的官网上也会公示自家产品的条款。如果找不到，也可以致电保险公司的客服电话询问。

▶▶▶ **延伸阅读**

我曾受邀给某银行大约 100 名理财经理进行保险培训。课间休息时闲聊，我说他们卖保险时都不看条款，这个行为是不对的。

没想到一位理财经理说："毕竟我们不是专业卖保险的！"

我反问："你卖基金的时候看合同了？销售银行理财产品的时候看合同了？请你不要说你'不是专业卖保险的'，你只需要说你'不是专业的'。"

曾经我以为有些保险行业的销售人员比较浮躁，后来我发现有些金融行业的销售人员也挺浮躁的。如果你连条款都不看，怎么对客户的钱负责呢？

我的堂弟在某家保险经纪公司从事销售工作，进入保险行业半年的时候，他对我说："保险公司给经纪公司培训的老师有时候会讲错，如果有问题咨询他们，要小心他们的回答可能是错的，最好自己再确认一遍。"

是的，有个别从业人员不尊重保险合同，不看保险条款，这大概是这个行业口碑不是很好的原因之一吧。

48 重疾险的多次赔付功能有没有意义?

2021年10月,我的一位大学校友突然来找我,说他想要买保险。在买保险之前,我肯定要对他的健康情况做全面的了解。了解后才知道,他在2020年7月确诊得了白血病,因为他之前买过重疾险,所以获得了50万元的重大疾病保险金。但是他现在特别想再买一份重疾险,原因有两个:一是他后期还需要进行造血干细胞移植术;二是他觉得保险真的有用,理赔下来后,他实打实地拿到了50万元保险金。但很遗憾,因为他购买的重疾险是单次赔付的产品,赔付一次之后,合同就终止了。

理赔过的人肯定是最想买保险的人,但理赔过的人,又大概率是无法再买保险的人。

▶▶▶ 专业解析

目前市场上的许多重疾险产品都是可以多次赔付的,不仅重度疾病可以多次赔付,轻度疾病和中度疾病也可以多次赔付。比如,某款重疾险产品的重度疾病最多可以赔付6次,中度疾病最多可以赔付2次,轻度疾病最多可以赔付4次。

虽然重疾险的赔付次数更多了,但是有许多人觉得,一辈子只会得一次重疾,不会得那么多次,所以多次赔付功能没什么意义。

其实,重疾险的多次赔付功能是对消费者很有利的一次创新。

得过重疾的人最能够体会重疾险的作用之大，而且得过重疾的人往往比健康的人更容易生病。所以，多次赔付的重疾险还是很有意义的。

从实务经验来看，保险公司最早推出多次赔付的重疾险的时候，由于经验数据不足，这些年下来，实际多次赔付的概率已经超过了保险行业最早的预估概率。这也从侧面说明了，只能赔付一次重疾保险金对于消费者而言，是不够的。

然而在我看来，多次赔付虽然好，但是消费者不宜过分追求赔付次数。相对于赔付次数来说，首次重疾的理赔金额更重要。毕竟首次重疾赔得越多，患者能够更好地生存下去的概率就越大。只有活得更久一些，多次赔付才有意义。

通常，我在为消费者做保险计划书时，会把多次赔付的重疾险和单次赔付的重疾险进行组合搭配，这样既可以保证首次重疾赔得多，又可以保证有多次赔付，还可以合理控制保费支出。

▶▶▶▶ **延伸阅读**

关于多次赔付功能，保险公司会做出一些限制，消费者在选择重疾险产品时需要多加关注：

（1）把保障的疾病分为多组，每组只赔一次。如果是这类重疾险产品，消费者需要关注具体的分组情况。保险公司如果把高发的疾病都放在一组，显然"诚意"不足。

（2）虽然不分组，但对同一原因、同一医疗行为、同次意外事故造成的多种疾病只赔一次。

（3）多次赔付之间约定间隔期。比如，约定间隔期为180天，即第二次重疾的发生时间必须在第一次重疾之后的180天后才可以赔付。

（4）部分疾病多次理赔。比如，高发的癌症、心脑血管疾病才可以多次赔付，其他疾病则只能单次赔付。

（5）轻度疾病、中度疾病可以多次赔付，重度疾病不可以多次赔付。

49 买了重疾险之后，保额还能增加或减少吗？

某天，客户和我抱怨说："我的生活压力很大，除了房贷、车贷等各项生活支出，还不知道将来会有什么开销。如果我现在投保重疾险，那将来交费压力比较大的时候，我能把保额降低，少交一些保费吗？"

▶▶▶ **专业解析**

实际上，本节案例中这位客户想要问的，是重疾险在未来能不能"减保"。减保，就是减少保险产品的保额。与之相对的，加保，就是增加产品的保额。

这种保额的增减调整功能，并不是所有重疾险产品都有的。万能型重疾险[①]是可以做到调整保额的，无论是调高还是调低都可以。当然，合同中对调整保额是有一定规则限制的。不过，万能型重疾险调整保额并不影响交费。也就是说，加保额不增加保费，减保额不减少保费。怎么判断一款重疾险是不是万能型的呢？看产品名字，如果名字的最后有"（万能型）"的字样，就是万能型重疾险。

如果是其他类型的重疾险想要增加保额，基本上只有一个方

---

① 万能型重疾险同分红型重疾险类似，也是一种保险组合，通常由"万能型年金保险（主险）+重疾险（附加险）"组成。万能型重疾险具有交费期灵活、保额可调整、账户价值可提取三大特点。

法，就是再买一份同一个产品。比如，原来买了一份50万元保额的重疾险，客户觉得不够，又买了一份30万元保额的重疾险。这两份重疾险虽然是同一个产品，却是两本独立的合同。

至于减少保额，其实就是部分退保。比如，原来的保额是100万元，客户退掉30万元的保额，保险公司会还给客户30%的保单现金价值，客户以后再交保费，自然也可以少交30%。但是，不是所有的重疾险都支持这么做，具体要看保险合同的约定。

▶▶▶ **延伸阅读**

可能有人觉得万能型重疾险增加保额却不用增加保费很神奇，其实不然。我举个"交电费"的例子你就明白了。

你可以每年预存1万元电费，但实际上，你用不了这么多电费，供电局会每月根据你的实际用电量扣钱。只要你的余钱足够多，你就可以一直每年预存1万元。

万能型重疾险的原理和这个差不多。万能型重疾险的保费相当于预存的电费，保额相当于每个月实际的电费，保额提高了，相当于这个月的电费比上个月多，但只要余额充足，就不用提高保费。

因为万能险并非本书的重点，我就不做过多的解释了。

50 怎样挑选性价比高的重疾险产品？

一位同学请我帮他评估一款重疾险产品，结束的时候他问了这样一个问题："如果条件允许，买这个产品还是划算的，对吗？"

我说："每一款产品都有其优势和劣势，我也很难回答这个问题。一般我会根据我对客户基本情况的评估，选择3款适合他的产品并做出对比，供他选择。"

▶▶▶ 专业解析

我挺反感一些自媒体打着"客观公正"的幌子，推销一些所谓"性价比"高的产品。可能是我天资愚钝吧，从业这么多年，我也没有找到一种客观评估保险产品性价比的标准。

所以，我一直对客户强调："保险的配置因人而异，我必须详细了解您和您的家庭情况后，才能给出我的建议。因此，投保的过程可能会很麻烦，但我宁愿您麻烦一些，因为很多重疾险一买就是十几年甚至几十年。"

有时候，我的客户会拿着一些自媒体做的测评给我看，我经常会说："你看，这个人是个纸上谈兵的高手。"比如，有一次客户拿着某自媒体分析的哪些重疾险产品的性价比高的文章来给我看。看完之后，我给他讲了几个我经手的案例，他马上就理解了。

卖保险，是一件实务性很强的工作。

▶▶▶ **延伸阅读**

讲一个我经手的案例。由于我推荐的产品有些"小贵",客户不太认同,选择了另外一款"性价比高"的产品。但在我的一再坚持下,客户购买了我推荐的产品10万元的保额(可能是给我面子吧),另外的40万元保额全买的那款"性价比高"的产品。

理赔的时候,10万元保额的产品的理赔款很快到账;40万元保额的产品,从拒赔到部分赔付再到全赔,前后折腾了一年左右的时间,而且,最后能够全赔还是我跑前跑后、各方沟通的结果。

这样的案例,还有很多。

51 自己在网上买保险和找保险销售人员买,这两种方式有什么区别?

前段时间,我收到客户给我发来的一份重疾险的计划书,让我帮忙看看这份计划书的内容是否和网上写的一样。我问他:"你为什么要自己在网上买保险,而不找保险销售人员买呢?"

客户说:"我觉得网上的产品便宜,可选择性强。如果找保险销售人员买,对方肯定会一味地给我说他们公司的产品哪里好,对缺点避而不谈。"

▶▶▶ **专业解析**

互联网让信息更加透明,让竞争更加激烈。它的出现一方面推动了保险市场不断创新,另一方面提升了保险产品的性价比。对于消费者来说,这是好事。

我们先来说说什么是"互联网保险"。

第一种:有个像我这样的人在线下把保险卖给你,这肯定不是互联网保险。

第二种:你是在网上买的保险,但买保险的过程中有个像我这样的人在向你推销,这也不是互联网保险,这叫"线上线下融合业务"。

第三种:你自己在互联网上买保险,投保过程中没有任何人向你推销，这才是真正的互联网保险。

说到这里，可能很多人会恍然大悟，原来自己之前买的并不是互联网保险。

互联网保险，就是没有销售人员参与，购买与否完全由消费者自己决定，并且整个购买过程全部在互联网上完成的保险。这种购买方式显然不是主流，原因很简单，主动想买保险，并且拥有评估自身保险需求、识别保险产品能力的消费者不多。

那么，在互联网上买保险的好处是什么呢？如果你不愿意接触卖保险的人，在互联网上买保险可以落得一份清静——既不用担心卖保险的人一味地推销，也不用担心销售误导。

不过，任何事情都有两面性。没有人销售固然清静，但消费者自己要花费大量的时间、精力去研究保险。我说过很多次，保险只是一个普通的行业。买保险和给自家新房装修一样，你找装修公司可以，不找装修公司也完全没问题。当然，大多数人还是会找装修公司的，毕竟社会分工是提升效率最好的方式。

如果光从产品本身来讲，互联网上的保险产品和线下的保险产品没有本质区别，包括重疾险。因为很多保险公司的产品都是既在互联网上卖，也在线下销售。互联网，只是保险公司的销售渠道之一。

当然，因为购买互联网保险产品需要消费者自己挑选，保险公司可能更愿意将一些责任简单的产品放到互联网上，不过这并不绝对。

▶▶▶ **延伸阅读**

　　对于在互联网上投保重疾险，很多消费者最关心的就是发生理赔时会不会很麻烦。其实理赔麻烦与否，主要看发行产品的保险公司的服务能力，和你在什么渠道购买关系不大。

　　当然，在线下购买，有一个像我这样的销售人员协助你投保、理赔，能让你在大多数情况下感觉更轻松。在保险行业里，乐于服务客户、具备专业知识和实践经验的销售人员，不在少数。

52 同一款重疾险产品,和不同的人买,有什么区别?

某保险论坛上,有一位入行不久的新人提出了自己的一个疑问,他说自己已经碰到好多个客户有购买重疾险的意向,但最后都没有在他这里买,而是通过别人买了。同一款重疾险产品,为什么客户不在他这里买,他跟别人有什么区别呢?

同一款重疾险产品的保险责任都是一样的,和不同的人购买,真的会有差别吗?

▶▶▶ **专业解析**

首先要明确一点,同一家保险公司的同一款重疾险产品,无论和谁购买,产品本身都是没有任何差别的,但在服务上可能会有细微的差别,比如我们在前面提到的,保险公司会给予优秀的销售人员更高的免体检额度。

有人可能会说:"免体检额度算什么,跟某某销售人员买重疾险,还能'返点'呢!"

对此,我只能无奈地笑笑。因为不"返点",我的很多准客户失去了我。

《保险法》

第一百三十一条 保险代理人、保险经纪人及其从业人员在办理保险业务活动中不得有下列行为：

……

（四）给予或者承诺给予投保人、被保险人或者受益人保险合同约定以外的利益；

……

既然同一款重疾险产品，在不同的销售人员手中不会有任何差别，那么对于消费者来说，最重要的事情就是选定一位优秀的销售人员。我认为保险销售人员最重要的品质有两个：专业、细心。

无论是在投保过程中，还是在保险合同履行过程中，专业能力都非常重要。专业，能为客户争取更好的核保条件，带来更好的保险体验，甚至争取到更好的理赔结果。

那么，消费者应该如何判断销售人员是否专业呢？最好的方式就是看他对保险合同是否足够熟悉。本书作者之一的武效军在某次向客户销售重疾险时，面对同行的竞争（这位同行还是客户的亲属），只说了一句话就赢得了客户的信任——我可以把合同上的每种疾病都解释一下。

▶▶▶ **延伸阅读**

同一款重疾险产品，如果销售人员不一样，可能在理赔结果上也不一样。

2021年3月,张先生被医院确诊为脑垂体瘤。张先生立刻向保险公司申请理赔并提交了相关资料。保险公司审核资料后认为张先生已符合轻度疾病的理赔条件,立即按照轻度疾病给付了保险金。但是,卖给张先生保险的销售人员看到这样的理赔结果后,立即与保险公司进行交涉:张先生进行过开颅手术,符合重度疾病的理赔条件,应按照重度疾病进行赔付。

通过与保险公司、张先生进行沟通,销售人员发现张先生提交的理赔资料中缺少开颅手术的相关资料。待资料重新提交后,保险公司按照重度疾病进行了赔付。

53 购买重疾险是不是要找大公司，不然保险公司破产了怎么办？

我刚刚毕业的时候租房住。房东阿姨因为要到南方去帮女儿带孩子，所以房子才空出来租给了我，不过她偶尔会回来拿东西。

有一次她回来，在自家烧饭给我吃。吃饭期间，了解到我是卖保险的，她说自己多年前买过一份保险，不过很后悔，因为万一保险公司倒闭了，她的钱就拿不回来了。

▶▶▶ **专业解析**

保险公司有没有可能倒闭？有！保险公司安全不安全？安全！很多人说保险公司是不会倒闭的，这是谣言。

《保险法》

第九十条　保险公司有《中华人民共和国企业破产法》第二条规定情形的，经国务院保险监督管理机构同意，保险公司或者其债权人可以依法向人民法院申请重整、和解或者破产清算；国务院保险监督管理机构也可以依法向人民法院申请对该保险公司进行重整或者破产清算。

我很好奇，那些说保险公司不会倒闭的人，难道没有读过《保险法》吗？

虽然保险公司会倒闭，但保险很安全，尤其是人身保险，因为监管机构有一系列管理机制。

1. 偿付能力监管

所谓偿付能力，就是保险公司兑付的能力。这里的"兑付"，包括客户出险时支付的理赔款，也包括保险合同履行过程中给付的生存类保险金以及未来合同到期时给付的满期保险金。假设未来保险公司要兑付1亿元，现在保险公司手里有1.2亿元，其偿付能力就是120%。

偿付能力监管是动态监管，按照目前的监管制度，保险公司每季度都要披露其偿付能力。当然，这种披露不仅要披露结果，还要披露许多细节。

通常来说，如果保险公司的偿付能力低于150%，就会被监管机构重点关注；低于100%，就不能开展新业务了。

其实，只要有偿付能力监管，客户买的保险就基本安全了。

2. 再保险制度

保险公司要根据自己的能力承保客户的风险，如果客户的风险超出保险公司的承担能力怎么办？把超出的部分交给别的保险公司承担，这就是所谓的"再保险"，也就是保险公司也要买保险。

3. 保险保障基金

保险公司每做一笔业务，都要交一笔钱给保险保障基金，一旦有保险公司出了风险无法兑付，保险保障基金就会出手救助。

4. 接管制度

根据《保险法》第一百四十四条的规定，对保险公司实施接管有两种情形：第一种是公司的偿付能力严重不足的；第二种是违反《保险法》规定，损害社会公共利益，可能严重危及或者已经严重危及公司的偿付能力的。所以，被接管的保险公司，一定是有问题的保险公司。这是一种比较严厉的行政监管措施。

另外，被接管的保险公司，其债权债务关系不因接管而变化。在上述两种情形下，监管机构会指派接管组织直接介入保险公司的日常经营管理，由接管组织直接负责保险公司的全部经营活动。

很多人误以为，只有在保险公司破产之后，监管机构才会对保险公司进行接管。其实，接管只是监管的一部分内容，而整个监管过程是动态的。如果把监管机构比作一家医院，那么这家医院拥有从门诊到ICU（重症加强护理病房）的一整套治疗手段。而很多人觉得，保险公司只要一出事，就直接进ICU——保险保障基金出手，保险公司倒闭，受让公司进来。事实并非如此。

所以，购买重疾险，关键要看保险产品本身，而不是保险公司的大小。无论是大公司还是小公司，都会受到银保监会严格的监管，即便一些保险公司的经营出现了问题，监管机构也会指派组织对其进行接管，使客户的利益得到保护。

▶▶▶ **延伸阅读**

2021年12月8日，大家保险发布微电影在全国范围内寻找受让自安邦财险的706份失联保单的主人，涉及6801万元满期金。

据了解，706份保单件均金额约9.6万元，投保渠道来自除西藏外30个省市的自有及合作网点。其中，来自湖北、北京、福建、广东、上海等地的未成功给付保单数量较多。

未兑付保单集中在4款产品，包括安邦双赢理财型家庭财产保险（投保时间为2005年7月至2008年11月）、安邦稳赢理财型家庭财产保险（投保时间为2006年2月至2008年3月）、安邦共赢2号投资型家庭财产保险（投保时间为2011年5月至2014年11月）、安邦共赢3号投资型综合保险（投保时间为2014年4月至2017年1月）。

因部分客户发生个人信息变更、账户信息调整等情况且未及时告知保险公司，导致对应保单到期无法兑付。截至2020年1月31日，留在安邦财险的这部分未兑付保单5433笔，总计约5亿元。大家财险通过聘请第三方机构修复客户联系方式等多种途径，陆续完成4000多笔保单兑付，但仍剩余706笔兑付难度极大的保单业务。考虑到安邦财险即将清算注销，为切实维护客户利益，2021年7月29日，大家财险依法受让安邦财险这706笔业务，涉及满期金6801万元。

主动大规模寻找失联客户给付保险金的行动并不常见，鉴于时间跨度长，寻找难度大，大家保险开通了三个寻人渠道：一是联系身边的大家财险代理人，二是联系大家财险在全国31个省份的营业网点，三是拨打大家保险全国统一客户服务电话95569。

2018年2月22日，安邦保险集团被原中国保监会依法接管。2019年8月，经中国银保监会批准，大家保险集团新设大家财险，依法受让安邦财险承保的 2020 年 1 月 31 日之后到期的保单业务。对于 2020 年 1 月 31 日之前到期的保单业务，大家保险积极协助安邦保险兑付，截至银保监会结束对安邦集团的接管之时，已完成 1.5 万亿元相关保险兑付工作。[①]

[①] 姜鑫. 大家保险寻找706份失联保单主人, 已完成安邦集团保险兑付1.5万亿元[EB/OL]. (2021-12-09) [2022-01-05]. https://m.eeo.com.cn/2021/1209/514304.shtml.

54 买重疾险有"促销"吗?

每年春节前后都是保险公司的"开门红"营销季,此时往往是"促销"力度最大的时候,有的保险公司甚至违规宣传"买保险送金条"。

很多消费者已经抓住保险公司的这个规律,会等"开门红"的时候再买保险。

▶▶▶ 专业解析

《保险法》

第一百一十六条 保险公司及其工作人员在保险业务活动中不得有下列行为:

……

(四)给予或者承诺给予投保人、被保险人、受益人保险合同约定以外的保险费回扣或者其他利益;

……

可能出乎很多人的意料之外,促销、打折、送礼品这种在销售中很常见的行为,居然是违反《保险法》的。

虽然送礼品或者直接返钱是违法行为,但有一些"促销"手段还是有利于消费者的。比如,有的保险公司会在特定的时间点放宽核保尺度，平时无法按照标准体承保的消费者可以在此时尝试投保；有的保险公司会开放部分高风险职业人群的投保限制，满足特殊人群的保障需求；还有的保险公司会在"开门红"期间提高免体检额度，这对于想要保额高又不想体检的消费者来说，是很有意义的。

▶▶▶ **延伸阅读**

以下是2021年中国银保监会山西监管局发送给违反《保险法》规定的保险代理人的行政处罚事先告知书（节选）：

中国银保监会山西监管局行政处罚事先告知书送达公告（节选）

×××（身份证号码：××××）

经查，你担任××公司个人保险代理人期间，在销售保险过程中存在承诺给予投保人保险合同约定以外的利益，欺骗投保人和被保险人、隐瞒与保险合同有关的重要情况等行为。根据《中华人民共和国保险法》第一百七十七条规定，经中国银保监会授权，拟对你作出禁止终身进入保险业的行政处罚。

55 某款产品要停售了,我要不要抓紧买?

多年前,有位台湾地区的同行说:"在台湾,保险很好卖。因为每次停售后,新产品总是比旧产品更差。所以只要停售通知一发,消费者就会抢着买保险。但是在大陆,情况正相反,新产品总是比旧产品更好。"

话里说的是很多年前的事情了,现在看来,这应该是发展阶段的问题吧。这些年,大陆地区的保险也开始出现新产品不如旧产品的现象。

▶▶▶ 专业解析

"停售"是一件已经被保险行业玩坏了的事。一开始可能是某家保险公司无意间发现原来产品停售可以带来业务"井喷",于是,各家保险公司都开始主动玩各种"停售",花样翻新,层出不穷。

有的是假停售,根本没停售却说停售了。等过几个月再"应广大消费者要求"重新上市,实际上根本没有停售过。对此,我只能说,无法苟同。

有的是虽然停售了,但是很快会再推出一款几乎一模一样的产品,只不过换个名字而已。

有的则更夸张,先停五年交,再停十年交,再停二十年交,一浪一浪地停。

搞来搞去，连保险公司自己的销售人员都不知道是真停售还是假停售了。特别搞笑的是，有一次某保险公司的领导在自己的办公室扯着嗓子对电话里的人喊："真停了，真停了！"电话另一边正是这家保险公司的销售人员。可事实上，那次还是假停售。

我认为，消费者买保险，不要受停售与否的影响。如果选中的产品是自己需要的，那就买；如果不是，那就不买。停售不应该成为购买的理由。

▶▶▶ 延伸阅读

我曾听到过某保险公司的领导在给销售人员开会时说："你们只要在大街上喊停售了，就会有人主动找你们买保险的。"

当时我刚刚进入保险行业，我问前辈："为什么产品要停售的时候好卖？"

前辈说："因为要停售了，销售人员就有理由去拜访客户了。"

后来我想想，也有道理。平时不敢让客户下单的销售人员，现在敢说"再不买就没有了"。而且，人在心理上厌恶损失、害怕失去。可能仅仅因为这一点，产品要停售的时候，消费者也更愿意下单吧。

56 香港的重疾险更好吗？

我的一位客户到香港去游玩，拍了一张照片发给我，照片中是消费者在香港排队买保险的景象。

客户说："没想到香港保险卖得这么火热，看来香港的保险肯定很好。"

我说："香港保险的投保过程要求全程录音录像，而且要在保险公司的指定场所录音录像，这才是排队的根本原因。"

那么问题来了，香港的保险到底好不好？

▶▶▶ **专业解析**

我无法笼统地说香港的保险到底是好还是不好，因为香港有很多家保险公司，不同保险公司有不同的保险产品，不同的保险产品各有其优势与劣势，不同的客户也有不同的需求。简单地说好与不好，这都是符号化的标签。就像说北方人酒量好一样，是没有任何科学依据的。

评价任何一款保险产品好与不好，都是多方面的，其中最重要的判断因素，就是看保险合同约定的条款。所以，没看过保险合同条款就说好与不好，是不负责任的。伟大领袖毛主席教导我们："没有调查，就没有发言权。"

因此，我无法简单地给出香港保险是不是更好的结论。不过如果有人想到香港投保重疾险，我可以给出一些建议：

（1）注意保险合同中是否有保费可调整条款，如果有，不建议选择。保险是付出确定的成本，转移不确定的风险，如果保费可调整，保险就没有意义了。

以下是香港某款重疾险产品合同中的保费可调整条款：

此基本保单之保费并非保证不变，我们保留不时检讨及调整保费之权利。

……………

为了持续向您提供保障，我们会于保费缴付期内不时复核您计划下的保费。如有需要，我们会作出相应调整。我们在复核时会考虑的因素包括但不限于：

此计划下所有保单的理赔成本及未来的预期理赔支出（反映死亡/受保疾病/受保手术的发生率之改变所带来的影响）；

过往投资回报及相关资产的未来展望；

退保以及保单失效；

与保单直接有关的费用及分配至此产品的间接开支。

（2）注意轻度疾病是否占用重度疾病的保额。内地的重疾险一般理赔轻度疾病后不影响重度疾病的保额，但香港的一些重疾险则并非如此。举个例子来说，重度疾病的保额是100万元，轻度疾病的保额是30万元，内地的绝大多数重疾险理赔轻度疾病保险金30万元后，还可以再理赔重度疾病保险金100万元；而香港的一些重疾险理赔轻度疾病（香港一般叫"早期危疾"）保险金30万元后，如果发生重度疾病（香港一般叫"危疾"）只能再理赔保险金70万元。

（3）注意香港重疾险中的重度疾病理赔条件和内地重疾险中的重度疾病理赔条件的差异。有时候虽然保障的疾病名称相同或相近，但理赔条件的差异可能比较大。对于一般的消费者来说，辨别这一点有些难度，可能需要专业的保险服务人员协助。

（4）注意买保险时外汇进出的合规风险。

（5）注意理赔款能否顺利兑换为人民币。客户在罹患重疾后往往急需用钱，如果理赔款无法及时兑换为人民币，就会很麻烦。我一般建议客户在哪里生活就在哪里买重疾险。如果客户在内地生活，就在内地买重疾险，因为对于客户来说最重要的，就是罹患重疾后能够及时就医以及拿到理赔款。

（6）注意内地是没有分红型重疾险的，而香港的重疾险有很多是可以分红的。所以，看重分红功能的客户可以考虑购买香港的重疾险。

只要投保的过程符合相关的法律规定，并且保险产品的内容符合个人的需求，其实香港的重疾险和内地的重疾险并没有孰优孰劣之分。

▶▶▶ **延伸阅读**

内地保险业的发展一定程度上参考了香港保险业，尤其是在产品创新方面，香港保险业往往起到了引领的作用。但近些年，随着内地保险市场的活跃和竞争加剧,内地保险的产品创新也越来越多。

2013年之前,由于内地保险产品的定价利率不得超过2.5%,导致内地保险产品的价格比较高,和香港的同类产品相比要贵一些。但是在2013年之后,随着定价利率的放开,内地很多保险产品的竞争力已经达到全球领先水平。

57 跟保险销售人员买一样的保险,就不会吃亏了吧?

在一次保险销售中,客户问我:"你买这个保险了吗?"

我说:"我买的保险你估计不会买。"

从业多年,我的很多保险是为了帮助别人才买的。比如,有的时候一些同行完不成任务找我帮忙,我就买一点;还有的时候客户让我帮忙看一款产品,我为了拿到合同仔细研究,就自己也买一份。就这样,我买了很多保险。

▶▶▶ **专业解析**

如果你也从事保险行业,就会发现:

保险公司的培训老师会说:"要让客户买保险,你要自己先买保险。"

客户会问:"你买这个保险了吗?"

团队的小伙伴会问:"领导,你让我们卖的这个保险,你自己买了吗?"

…………

虽然我买了很多保险,但我确实没有把我卖过的保险全部买一遍。不是不想买，而是实力不允许。

其实，消费者之所以会问保险公司的员工买了什么保险，主要是因为消费者认为保险公司的员工是懂保险的，跟着他们买准没错。然而，这就像跟着证券公司的员工买股票不会亏钱一样，是靠不住的。

首先，保险公司的员工并不是都懂保险。保险公司作为一个公司型组织，其内部有许多部门，并不是所有部门的员工都对保险有充分的了解。比如，人事、行政、财务、策划等部门的员工，可能平时并不怎么接触保险产品。

其次，保险规划是要根据消费者的需求制定的，而消费者的需求未必和保险公司的员工一样。

最后，你可能要说："保险销售人员总是懂保险的吧，跟着买准没错！"这话也是不准确的，原因还是那个——不同的人需求不一样。保险销售人员的情况可能还会更复杂一些——一些销售人员会为了完成任务而自己买保险（当然，这是不应该鼓励的），还有一些销售人员会为了帮同事完成任务而买保险，我有很多保险就是这么买的。况且，保险销售人员不懂保险的情况，也是有的。

▶▶▶ 延伸阅读

我曾经写过一篇文章，标题是《我只能说，保险公司不懂保险的人挺多的》。过去这些年，由于保险行业高速发展，而人才培养并没有完全跟上需求，导致保险公司存在一些不懂保险的人。有时候，这些人还会引起纠纷。

2018年8月31日,王某投保了一份重疾险,保额50万元。

10月4日,王某入院检查出右侧颞叶巨大占位,疑似胶质瘤。

10月27日,王某向销售人员告知病情及手术情况,并表达理赔要求。

11月9日,王某被确诊为恶性脑肿瘤。

2019年5月22日,王某向保险公司递交理赔申请书及资料。

6月7日,保险公司以王某不如实告知为由拒赔并解除合同。

事实上,保险公司拒赔是没有问题的,但是拒赔的理由错了。本案应以"等待期内出险"为由拒赔,保险公司却以"不如实告知"为由拒赔。这充分说明理赔人员没有认真读过《保险法》。

我不禁要发问:难道是理赔人员习惯了一出事就调查如实告知情况,根本没注意到这是"等待期内出险"吗?还是保险公司觉得按照"不如实告知"拒赔,就能以"故意"为由不退还保险费了?抑或是理赔人员觉得用"等待期内出险"拒赔体现不出其专业能力?

有意思的是,这家保险公司直到被告上法庭,才提出"等待期内出险"的理由,但这并没有获得法院支持。

好在现在保险业的发展已经越来越精细化了,以后这种情况会越来越少的。

58 买重疾险时，保险公司为什么要问有没有在其他保险公司投保？

"您是否已拥有或正在申请其他保险公司的人寿保险、人身意外保险或健康保险？若'是'，请详细说明保险公司、险种类别（寿险／重大疾病保险／意外险／医疗险）、保险金额及投保时间。"

以上是某款重疾险投保书中的询问。相信这一条款会触动许多消费者的"敏感"神经：这是我的隐私，为什么要告诉保险公司？

我的一位客户只投保了5万元保额的重疾险，就被保险公司要求体检和提供财务证明，原因就是她之前在其他保险公司已经累计投保了140万元保额的重疾险。这背后的逻辑又是什么呢？

▶▶▶▶ **专业解析**

古人说："清酒红人面，财帛动人心。"

现代人说："永远不要用金钱去考验人性。"

我很喜欢看一些国内外的案件，发现很多案件都和保险有关系，甚至有些案件是被保险公司侦破的。可以说，保险的发展史也是"骗保"的发展史。因此，保险公司有着一系列风控手段。

试想一下，一个年收入5万元的人，其每年的保费支出为4万元,这正常吗?什么样的人会把大部分的钱用来配置保险?大概率是觉得自己一定能理赔的人吧。那么,什么样的人会觉得自己一定能理赔呢?

工作中,我经常给客户做保单检视,就是对客户购买的所有保单进行整理和分析。在这个过程中,我见过保费支出超过收入的人。当然,我不否认有些人就是爱买保险,也不否认有些人甚至愿意借钱买保险,但毕竟这样的人不多。

从风控的角度来讲,保险公司了解客户的整体保险配置情况,是非常必要的。另外,监管机构也希望消费者在保险支出上更加理性,不要超出消费能力。

2023年,国家金融监督管理总局在《保险销售行为管理办法》中要求,保险公司发现投保人持续承担保费的能力明显不足的,应当建议投保人终止投保。虽然文件中没有说明在什么情况下算"明显不足",但通常各家保险公司会把年交保费限制在客户年收入的20%以内。

现在,你明白为什么买重疾险时,保险公司要询问你有没有在其他保险公司投保了吧。

▶▶▶▶ **延伸阅读**

下面是一个关于浦女士和她投保的大约500万元保额的重疾险的案例:

37岁的浦女士,分别于2013年、2015年、2018年4月在不同保险公司投保了 3 份重疾险。

2018 年 5 月，在某保险公司的客户活动中，浦女士受邀做甲状腺 B 超检查。这次检查的结果是异常，但浦女士在日后和保险公司对簿公堂时坚称自己没有拿到过检查结果。

在这之后不久，浦女士似乎爱上了买保险。从 2018 年 8 月到 12 月，她连续在不同的保险公司投保了 13 份重疾险，几乎到了见到重疾险就买的程度。浦女士声称自己是"经销售人员介绍，考虑通过购买保险的方式养老，故在 2018 年 8 月到 12 月集中购买了多份保险"。

我无意对浦女士的主观想法做恶意的推断，但值得注意的是，2019 年 1 月 11 日，浦女士在某保险公司投保时被要求体检，体检结果为甲状腺内多个团块（考虑：结节性甲状腺肿，其他性质待查）。

此时，浦女士肯定是知道自己甲状腺有问题的，但这还是没有阻挡她继续投保的步伐。2019 年 1 月 17 日，她又投保了两家保险公司的重疾险。2019 年 7 月，浦女士被确诊为甲状腺癌。

以上所有的投保过程，浦女士都没有做到如实告知，更没有向保险公司如实披露自己在其他保险公司的投保情况。这个案例的结果当然就是浦女士要面对一系列理赔纠纷。

59 为什么不同保险公司的重疾险产品，保障的疾病名称相同，但理赔条件不同？

如果你手上有重疾险合同，请翻开合同看看是不是有一个叫作"开颅手术"或者"颅脑手术"的疾病。

如果有，请你再仔细看看，因意外伤害导致的开颅手术是否能得到理赔。

示例1　一份重疾险合同中的"开颅手术"条款：

被保险人因疾病或意外已实施全麻下的开颅手术（不包括颅骨钻孔手术和经鼻蝶窦入颅手术）。理赔时必须提供由专科医生出具的诊断书及手术证明。

因脑垂体瘤、脑囊肿、脑动脉瘤及脑血管瘤而进行的开颅手术不在保障范围内。

示例2　另外一份重疾险合同中的"颅脑手术"条款：

被保险人确已实施全麻下的开颅手术（不包括颅骨钻孔手术和经鼻蝶窦入颅手术）。

因外伤而实施的脑外科手术不在保障范围之内。

理赔时必须提供由专科医生出具的诊断书及手术报告。

▶▶▶ **专业解析**

现行的重疾险合同使用的是行业统一的 2020 版定义，但这个文件里只规定了 28 种重度疾病及 3 种轻度疾病，共 31 种疾病。为了更好地迎合市场需求，各家保险公司都会在自家发行的重疾险产品中添加更多的疾病保障种类。我们在前文也提到过，主流的重疾险基本上能够保障一二百种疾病。对于这些自行添加的疾病，保险公司可以根据自身的经营情况自行定义理赔标准。

即便是 2020 版定义中规定的这 31 种疾病，保险公司也可以对其中一部分疾病的定义做出些许调整。它们分别是："双耳失聪""双目失明""严重阿尔茨海默病""严重原发性帕金森病""严重运动神经元病""语言能力丧失"。对于这 6 种疾病，保险公司可以在保险合同中约定仅承担被保险人在"某年龄之后的保障责任"。这个"某年龄"是可以自行约定的，但是需要在条款中明确说明。比如，有些保险公司对于 3 周岁以下的语言能力丧失是不赔付的。

所以，不同保险公司的重疾险产品，即便保障的疾病名称相同，其理赔条件也可能是不同的。对此，消费者需要重点关注。

▶▶▶ **延伸阅读**

本节案例中提到的"开颅手术"或者"颅脑手术"，并非 2020 版定义中规定的疾病。如果消费者买到的重疾险不保障意外伤害导致的开颅手术，是不是就一定得不到理赔呢？不一定。

2020 版定义中有一个叫作"严重脑损伤"（可参见本书第 11

节）的疾病。

如果消费者因意外伤害导致了开颅手术，很多时候是可以按照"严重脑损伤"来理赔的。重疾险的理赔实务要比大多数人想象得复杂。

60 不同年龄阶段的人应该怎么配置重疾险？

2021年，我的一位朋友生了孩子。我去看望她时，她说："自从有了孩子，我发现自己开始变得'贪生怕死'。一有个头疼脑热的，我就怀疑自己是不是生了什么严重的病，特别没有安全感。"

成为父母以后，我们或多或少都会有一种感觉，那就是觉得自己肩上的责任更重了，并且更为关注自己和家人的健康情况。

▶▶▶ **专业解析**

从呱呱坠地的婴儿到白发苍苍的老人，人在每个年龄阶段，都面临着不同的风险。那么，如何做不同年龄阶段的风险规划呢？我一般会将人的一生根据年龄分解成六个阶段。

1. 未成年阶段（孩童期）

父母都想把最好的东西给孩子，所以很多家庭的第一份保险是从给孩子投保开始的。虽然我认为这并不合理，因为我们无法预测家庭中的哪位成员会先发生风险。

给孩子投保，建议考虑"三保齐上阵"。第一，社会医疗保险和商业医疗保险。这两种保险的支出通常不多，可以全方位提供医疗费用的保障。孩子平时因头疼脑热、磕磕碰碰产生的医疗费用，基本都可以在这个范围内报销。第二，由于孩子生性好动且缺乏自我保护的能力和意识，所以意外险是很有必要的。第三，就是本书中一直在说的重疾险，一些专门面向孩子的重疾险还会特别考虑未成年人高发的血癌（白血病）、川崎病、重症手足口病等。父母为孩子投保重疾险，可以根据家庭经济情况选择是保障定期的还是保障终身的。

2. 初入社会阶段（青年期）

刚步入社会的青年人，其收入一般都不太稳定，虽然他们在这个阶段的健康压力小于生活压力，但保险配置也是不可忽视的。在我看来，青年人在工作后给自己配置的第一份保险，应该是定期寿险，身故受益人为父母。这样即便他们发生保险事故，保险公司也能赔付一笔钱给他们的父母，保障父母的生活。同时，他们还应配置医疗险和重疾险，如果收入不高，经济压力大，可以选择不带身故责任的重疾险。

3. 成家立业阶段（家庭形成期）

在这一阶段，多数人已经组建了自己的家庭，他们事业相对稳定，但是肩上背负着"上有老，下有小"的责任，可能还有房贷、车贷。而且，随着年龄的增长，加上工作压力的增大以及运动量的减少，他们的身体健康情况开始走下坡路。好在这一阶段的人一般不会有大的健康问题，基本上能正常承保，所以这可能是他们配置保险的重要"窗口期"。

具体而言，这一阶段的人可以考虑配置重疾险、医疗险、意外险和定期寿险。其中，定期重疾险和终身重疾险的搭配，能够实现充足的保障；医疗险可以作为社保的补充，大大降低看病时的经济压力；意外险和定期寿险的保额要充足，确保在自己"缺位"的情况下，家人的生活也能够得到保障。

此外，在经济条件允许的情况下，这一阶段的人可以开始考虑为自己的养老做专门的规划。这样做一来是趁年轻、赚钱能力强时为自己存一笔钱，提高未来养老生活的质量；二来是为了减轻下一代的生活和经济压力。

4. 家庭成长阶段（40~50岁）

这一阶段可能是大多数人最风光的阶段——收入不错，在事业上有所成就，身体状况也还可以，正是当打之年。较高的收入让他们有足够的经济能力来承担高端保险的保费。比如，如果对医疗环境、医疗服务有更高的追求，他们可以适当地配置高端医疗险。当然，这一阶段的人虽然处于当打之年，但毕竟年龄越来越大，会有一些常年积累的小毛病，身体状况不如从前，所以意外险和重疾险是他们应该配置的。而且，他们基本上已经到了最后可以购买重疾险的时期了，因为此时可能是重疾高发的前期。为什么这么说呢？我们来看以下几组数据：

中国疾控中心发布的数据显示，45~55岁人群糖尿病的发病率是11.5%，为40岁之前发病率的近4倍；美国心脏病协会的研究发现，45~64岁的人群，尤其是男性，更容易被卒中击倒；《2021北京肿瘤登记年报》显示，2018年北京市恶性肿瘤年龄别死亡率[①]自40~44岁开始快速上升。

[①] 年龄别死亡率是指按年龄分组计算的死亡率。

5. 退休前期阶段（50~60岁）

对于这一阶段的人来说，"养家"的责任逐渐下降，健康和养老成了需要重点关注的问题。由于身体状况和精力变差，患病和发生意外的风险大大提高。所以，他们在配置保险时，应该选择医疗险、意外险及防癌险的搭配。之所以要配置防癌险，是因为这时候大多数人的健康情况已经无法投保重疾险了。

另外，此阶段的人虽然拥有一定的财富，但是他们对财富的需求已经逐渐转变为对现金流的需求。因此，这可能是配置年金险的黄金阶段。

6. 退休养老阶段（传承期）

退休之后，大多数人基本上依赖养老金和已有的储蓄和理财收入，其收入很难有明显的增加，支出却有可能因为患病、发生意外、生活自理能力下降等而大幅增加。其中，发生意外的风险尤其大，它虽然不会导致收入中断，但是会产生不少的医疗、护理费用。所以，这一阶段的人一定要配置保额充足的意外险。另外，他们对于养老金的保值增值以及合理使用也尤为关键。

这一阶段的人基本上和重疾险的投保没有关系了，但和重疾险的理赔关系越来越密切。由于身故的风险越来越高，他们还需要考虑配置财产传承类的保险。

▶▶▶ **延伸阅读**

国内外很多保险公司都尝试过建立一套针对不同年龄阶段人群做保险配置建议的模型，但至今没有任何一套模型成为行业标准。

本文也只能给出一个各年龄阶段配置保险的基本逻辑，并不适用于所有人。消费者的需求、经济情况、身体健康情况、家庭情况等因素，都会影响保险的选择以及配置。

61 家庭成员配置重疾险也讲究"先大人,后小孩"吗?

有位同行向我咨询:"我有个朋友刚生了小孩,我该如何让她配置重疾呢?"

我:"你是怎么想的呢?"

同行:"先大人后小孩,我要劝她先给大人买重疾险。"

我:"你不是个卖保险的人,你是个算命先生。"

▶▶▶ 专业解析

其实,本节的问题已经是老生常谈了。风险是客观存在的,我们无法预测哪位家庭成员会先发生风险,因为生病是不分年龄的。卖保险的人不能先给客户"算命"。对于重疾险,我都是建议全家一起配置的。

本书读到这里,相信你已经了解了重疾险的作用。它解决的是重疾发生之后的家庭经济损失问题,包括康复的费用和收入的损失。

市场上关于保险配置要"先大人,后小孩"的理论,是基于大人是家庭经济支柱,风险发生时会导致家庭经济损失严重的情况。对于意外险、定期寿险来讲,按照"先大人,后小孩"的原则来配置没有问题。但是,对于重疾险来讲,大人和小孩都需要配置且没有先后之分，因为无论是大人还是小孩，罹患重疾之后都会面临康复期间的费用支出问题。只不过，大人比小孩多了一块"收入损失"，所以大人的重疾险要多配置一些保额。

总体来说，"先大人，后小孩"的保险配置原则不完全适用于重疾险；对于医疗险，则完全不适用。

▶▶▶ **延伸阅读**

我在与客户聊保险时，总会问他们一个问题："你觉得一个人发生风险时，对他来说最重要的是什么？"大多数客户会回答："钱。"

但只要我们仔细观察，就会发现事实并非如此。对于绝大多数人来说，如果其家人罹患重疾，他们会第一时间打听这个病去哪里治疗，怎么安排家人进某家医院、找某个医生治疗。保险公司的绿通服务正好能够解决这个问题。

很多时候，我只是为客户讲一讲绿通服务，客户就会给全家每人配置一份重疾险了。这里，也不适用"先大人，后小孩"的保险配置原则。

62 怎么给孩子配置重疾险?

去年,邻居家生了一对龙凤胎。于是,各种卖保险的人开始以各种理由来看望孩子。

我说:"估计最近让你给孩子买保险的人很多吧,我就不凑热闹了。如果你拿到别人给的保险配置方案有什么疑问,我可以帮你看看。"

从业十余年,我帮无数家庭做过保单检视,看到最多的就是儿童的重疾险。并且我发现,有些家庭并不知道自己买的重疾险保额是多少、保障内容是什么,甚至把它当成罹患重疾时用于报销医疗费用的保险。

▶▶▶ **专业解析**

"父母之爱子,则为之计深远。"父母在给孩子买保险时,是不怎么犹豫的。保险公司深知这一点,所以市场上面向孩子的重疾险产品层出不穷,各有特色。针对为孩子投保重疾险,我有以下四个建议:

第一,不建议给孩子配置保额太高的重疾险。前文中我们说过,重疾险的作用是解决罹患重疾之后的康复费用与收入损失问题。对于孩子来讲,不存在收入损失,因此保额不用过高。一般情况下,我不建议孩子的重疾险保额超过100万元。

第二,不可忽视健康告知。未成年人一般不存在严重的健康问题,也不会有体检记录,但父母仍然要认真进行健康告知。有时候,保险公司还会要求父母提供孩子完整的儿保手册或就医病历。

第三,可重点关注少儿高发重疾。其实,绝大多数的重疾险中,针对未成年人的保障内容和针对大人的保障内容差别不大。有些保险公司甚至会对同一款产品进行分别包装,以拓展不同年龄阶段的市场。少儿高发重疾一般包括白血病、川崎病、重症手足口病、严重癫痫等,父母可以看看保险公司的重疾险产品在这方面的保障是否充足。

第四,关注投保人豁免功能。投保人豁免功能能够保证当父母出现风险时,孩子的重疾险保障不会因为交费停止而被迫中断。

▶▶▶ **延伸阅读**

实务中,也有一些祖父母或外祖父母想给孙子女投保重疾险的情况。这里需要特别注意的是,如果重疾险不带身故责任,这么投保是没有问题的;如果重疾险带身故责任,孩子必须年满8周岁才行。

《保险法》

第三十三条 投保人不得为无民事行为能力人投保以死亡为给付保险金条件的人身保险,保险人也不得承保。

父母为其未成年子女投保的人身保险,不受前款规定限制。但是，因被保险人死亡给付的保险金总和不得超过国务院保险监督管理机构规定的限额。

《民法典》

第二十条　不满八周岁的未成年人为无民事行为能力人，由其法定代理人代理实施民事法律行为。

63 我能给父母买重疾险吗?

很多消费者会向我咨询能否给父母买重疾险,但基本上都不太容易实现——要么是身体条件不允许,要么是年龄不允许。好不容易找到一款能通过核保的重疾险产品,消费者又觉得其保费与保额之间的杠杆率太低,最终放弃了。

在这种情况下,我一般会建议消费者给自己买重疾险。但有的消费者会说,自己的身体没问题,暂时不需要买。

我在想,以后他的孩子,会不会也向另外一个卖保险的人询问给他买保险的事。

▶▶▶ 专业解析

买保险是有年龄限制的。大多数重疾险可接受的被保险人年龄上限是60周岁,超过这个年龄,可以选择的重疾险就很少了。而且,年龄大的人还会受到保额限制。市场上曾经销售过一款只要年龄在70周岁以下就能投保的重疾险产品,但超过60周岁,最高保额只有10万元。显然,这个保额对于大多数人来说,是不够的。

除了保额,保费也是个问题,甚至可能出现"保费倒挂",也就是"保费>保额"的情况。在被保险人的年龄较大、身体状况较差(亚健康人群加费承保)以及附加险居多的情况下,按照发病率计算,其应交保费较高,再加上不同保险公司的保险责任不止一项，综合算下来就会出现"保费倒挂"的情况。举个例子来说，李女士要给 55 岁的父亲买一份终身重疾险，而某款重疾险产品的保额 10 万元，交费期 15 年，年交保费 7387 元。计算下来，总保费为 110 805 元，已经超过了保额。

但是，"保费倒挂"的重疾险并不是就没有购买的意义了。如果被保险人在交费期内出现保险事故，保险公司不仅要理赔，还要豁免剩余保费。

当然，能够给父母投保重疾险的情况肯定是存在的。这个时候，子女应该怎么选择重疾险产品呢？

若经济条件允许，最好是选择带有身故责任、保障终身的重疾险产品，身故受益人指定为子女本人。如果父母罹患重疾，满足赔付条件，保险公司会按照合同约定赔钱；如果父母终身没有罹患重疾，这笔钱最终由子女受益。相当于没花钱，尽了份孝心。但相应地，这种重疾险产品包含身故责任、保险期间长达终身，保费也会相对贵一些，甚至会像李女士为父亲投保的那款重疾险产品一样，出现"保费倒挂"的情况。

若经济条件一般，可以选择不带身故责任、保障至某个年龄的重疾险产品。如果父母在保险期间内罹患重疾，满足赔付条件，保险公司会按照合同约定赔钱；如果父母在到达约定年龄之前没有罹患重疾，这笔钱就相当于被消费掉了。案例中的李女士也可以为父亲投保此类重疾险产品，其保额还是 10 万元，保障至 70 岁且不带身故责任，交费期 15 年，年交保费 3282 元。

我们知道，重疾险对被保险人的健康状况有一定的要求。如果父母的年龄符合投保要求，但身体已经不太好，比如患有高血压、糖尿病等慢性疾病，我就不建议子女为他们投保重疾险了。子女可以考虑其他适合为老年人投保的险种。

1. 意外险

意外发生的磕磕碰碰对年轻人来讲也许不算大事，但对老年人来讲就可能是大问题了。我身边就有许多老年人只是摔了一下，股骨头就断了。因此，老年人非常有必要投保一份意外险，而且意外险的核保条件相对宽松，大多数老年人都可以投保。

2. 百万医疗险

目前很多保险公司都有专门面向老年人的百万医疗险，其保费不多，一般一年一两千元，但最多可以赔付几百万元的医疗费用，对用药范围的要求也比较宽松，可以作为医保的补充。

3. 防癌险

如果无法投保保障疾病种类多的重疾险，投保只保障癌症的防癌险也是个不错的选择。

4. 增额终身寿险

和其他的保险品种不同，增额终身寿险像是个"存钱罐"。老年人投保增额终身寿险，可以通过减保随时用钱，还可以通过指定身故受益人的方式将没用完的钱留给属意的继承人。这是一种非常高效的养老金管理方式。

▶▶▶ **延伸阅读**

"儿行千里母担忧，母行千里儿不愁。"这句话我是不认同的。

我自己就是个游子——出生在京杭大运河的最北端，生活在京杭大运河的最南端。父母在老家生活，与我相隔千里。

在中国，有很多人和我一样，无法长期陪伴在父母身边。每当给家里打电话问候时，父母说得最多的就是："没事，我们都挺好的。"可每次回到家，总能发现家里多了些药盒，父母时不时地揉揉肩、捶捶背……

我为我的父母购买保险，主要目的倒不是保障。我是这样和他们说的："我给你们买了保险，身体不舒服要及时跟我说，保险公司能赔钱。"其实他们也不知道我买的究竟是什么保险，在什么情况下才能赔钱。但是，有了这份保险，他们一有身体不适的情况就会及时告诉我，不至于把小病拖成大病。

64 重疾险该买多少保额？

刚刚工作的小赵想为自己买一份重疾险，习惯货比三家的他找了好几个卖保险的人咨询，结果越咨询越迷茫。为什么？因为每个人的说法都不一样！

关于保额，有的人让他买 30 万元，有的人让他买 60 万元，有的人让他根据自己年收入的 5 倍买，有的人让他根据免体检额度买，还有的人让他根据自己能支付的保费买。

小赵迷惑了，重疾险该买多少保额难道没有标准吗？

▶▶▶ 专业解析

"保险配置是因人而异的，不同人、不同家庭对保险的需求也是不一样的，我要先对您的家庭情况做一个整体的了解，才能提出我的建议。"这句话是我经常对客户说的。卖保险的过程本身就是帮客户"量身定制"的过程，如果不事先说清楚，客户往往会觉得买保险很麻烦，卖保险的人很啰唆。

当然，我上面说的"保险配置"指的是各种保险的综合配置。具体到重疾险的保额配置问题，我认为可以按以下三个层次进行：

第一个层次：50 万 ~ 80 万元的保额。这大约是罹患一次重疾给家庭造成的损失。当然，不同地区因为经济水平不同，具体金额也会有所差异，这只是个经验数据。这个层次的保额是全家每个人都要配置的，而不只是针对家庭经济支柱的。

第二个层次：相当于3~5倍年收入的保额。对于重疾来说，"三分治，七分养"。被保险人在养病过程中最大的问题就是收入中断，而重疾险可以解决这个问题。在这个层次里，如果被保险人罹患重疾，保险公司会一次性补偿3~5倍年收入的保险金，相当于一次性把未来3~5年的工资提前发了，使被保险人可以安心养病。

第三个层次：想给子女留多少钱，就购买多少保额。如果被保险人终身没有罹患重疾，保额将留给身故受益人。当然，这种情况只针对带身故责任的终身重疾险。大多数人这一辈子赚的钱是花不完的，他们会以各种形式把财富留给子女，比如房子、存款、股权……从这个角度看，重疾险只不过是被保险人把财富以保险的形式储存起来，最终以身故保险金的形式留给子女。而且，被保险人通过这种形式留给子女的钱，是属于子女个人的，不属于子女的夫妻共同财产。

第三个层次并不是重疾险的重点功能，消费者通常能配置前两个层次就比较理想了。而且，前两个层次也并不要求保额一次性配置到位，消费者需要根据自己的经济水平和需求，以及核保的情况决定。

▶▶▶ **延伸阅读**

市场上有人用医学上"五年生存率"的概念来说明重疾险的保额应该是5倍年收入，对此，我并不认同。

五年生存率是指某种肿瘤经过各种综合治疗后,生存五年以上的比例。各种肿瘤根治术后五年内不复发,再次复发的机会就很小了,故常用五年生存率表示各种癌症的疗效。术后五年之内,一定要巩固治疗,定期检查,防止复发,即使有转移和复发也能及早治疗。

坊间有一种说法,为了保证罹患重疾后能够更好地养病,被保险人要买够5倍年收入的重疾险保额。我认为这种说法比较牵强,而且实务上可操作性不强。原因有二:

第一,五年生存率是针对肿瘤治疗的,但重疾险的保障范围并不仅限于肿瘤。

第二,不同消费者的收入水平可能差异很大,统一用5倍年收入作为重疾险的保额并不科学。例如,有些人年收入10万元,5倍年收入就是50万元,这个保额在实务中比较好操作;有些人年收入100万元,5倍年收入就是500万元,考虑到保险公司的核保过程,这个保额操作起来就相当复杂了。而且,5倍年收入的概念往往会吓退很多消费者的投保意愿,因为很多消费者虽然收入不低,但并不打算在保险上投入太多的钱,尤其是刚刚接触保险的人。如果一上来就按照5倍年收入来配置重疾险,其保费可能就会让消费者望而却步了。

65 重疾险是带身故责任的好,还是不带身故责任的好?

对于买重疾险到底要不要带身故责任,这个问题一直困扰着很多想投保重疾险的消费者。我们以某款重疾险产品(被保险人为30岁的男性)为例。

带身故责任:保险期间为终身,交费期30年,年交保费5661元;

不带身故责任:保险期间为终身,交费期30年,年交保费4140元。

到底要不要带身故责任呢?

▶▶▶ **专业解析**

重疾险到底要不要带身故责任?这个问题本来是没有争议的,因为早期的重疾险都带有身故责任。但是,消费型重疾险的出现让这个问题越来越受争议。我更倾向于配置带身故责任的重疾险,如果罹患重疾,被保险人可以理赔重大疾病保险金;如果没有罹患重疾,被保险人身故时也能获得理赔。

投保不带身故责任的重疾险,最怕出现的一种情况就是,消费者在身故前没有达到任何一种疾病的理赔标准——这可能会导致理赔上的麻烦,甚至可能演变成一场死者家属与保险公司之间的纠纷。所以，有理赔实务经验的销售人员，一般不会建议消费者配置不带身故责任的重疾险。

重疾条款中的"深度昏迷"要求"持续使用呼吸机及其他生命维持系统 96 小时以上"，但如果没到 96 小时患者就身故了呢？急性心肌梗死或脑梗死，如果还没被送到医院，患者就身故了呢？癌症，如果患者不方便手术，只能保守治疗，拿不到组织病理学报告呢？重大器官移植，如果还没有等到器官患者就身故了呢？……这些情况都可能导致支持重疾理赔的资料还没有收集全，人就已经走了。

可能有读者会说，你说的这些情况其实也许通过沟通能获得理赔。这一点我当然清楚，因为我做过很多这样的沟通，但沟通的时间有长有短，复杂程度也有高有低，这个过程恐怕不是所有死者家属都能等待的。

▶▶▶ **延伸阅读**

到底要不要选择带有身故责任的重疾险，也可以从现金价值的角度做出评估。我以本节案例中提到的重疾险的保单现金价值情况来分析：

（1）如果选择带身故责任，总交保费为 169 830 元，其现金价值的情况见下表。

带身故责任的现金价值情况

金额单位：元

时间	20年	30年	40年	50年	终身
现金价值	76 341	135 165	181 695	227 145	300 000

可以看到，现金价值在保单第40年时，已经超过所交保费了。到第50年时，现金价值已经达到了227 145元。到身故时，最终可以赔付身故受益人30万元。

（2）如果选择不带身故责任，总交保费为124 200元，其现金价值的情况见下表。

不带身故责任的现金价值情况

金额单位：元

时间	20年	30年	40年	50年	终身
现金价值	55 299	89 541	107 652	112 617	83 916

可以看到，终其一生，现金价值都无法超过保费。

66 重疾险一定要买储蓄型的，不然我要是没得重疾，花的钱不就打水漂了吗？

曾有一位客户和我抱怨："你给我推荐的重疾险不好，昨天有人给我推荐了一款带分红的。"

我："按照监管规定，重疾险是不能分红的。"

客户："我被骗了吗？！"

我："呃，也没有……"

▶▶▶ 专业解析

"有病治病，无病养老"曾是很多人对重疾险的认知。"有病治病"的说法是不准确的，因为重疾险不是用来治病的，用来治病的是医疗险。那"无病养老"到底对不对呢？

客观来讲，重疾险是没有养老功能的。虽然很多购买了重疾险的消费者可以通过在某个年龄退保领取保单现金价值来实现养老的目的，但到了养老阶段，正是重疾的高发期，因此，我是不建议消费者这么做的。

市场上的确存在一些重疾险的变种，变相地实现了养老的功能。

1. 重疾险附加两全保险

两全保险指的是保险公司在某一时间或者被保险人某一年龄给

付一笔满期保险金[①]（以下简称满期金）的保险。市场上主流的重疾险附加两全保险，一般是一款终身的重疾险附加一款 60 岁满期的两全保险，这个两全保险的满期金正好是投保人交的总保费。这就实现了在被保险人 60 岁时把所有保费返还给被保险人，而重疾的保障还将持续终身的效果。而且，在被保险人 60 岁时保险公司返还的这笔钱，被保险人可以用于养老或者其他方面。

2. 两全保险附加重疾险

这种情况通常是两全保险附加定期重疾险，两全保险的满期金正好等于定期重疾险的保额。举个例子来说，两全保险和定期重疾险都是 66 岁到期，两全保险的满期金是 100 万元，定期重疾险的保额也是 100 万元。这样一来，如果被保险人在 66 岁前罹患重疾，保险公司会赔付 100 万元；如果被保险人到了 66 岁没有罹患重疾，保险公司也会赔付 100 万元。

这种情况很像"有病治病，无病养老"，但事实上，虽然"无病养老"也说得通，但实现养老的并非重疾险，而是两全保险。

3. 分红保险附加重疾险

重疾险是不能分红的，这一点我们在前文中说过。

只有终身寿险、两全保险或年金保险可以是分红险。市场上号称有分红的重疾险，通常就是一款分红险附加一款重疾险。

4. 年金保险附加重疾险

年金保险可以形成一笔稳定的现金流，只要被保险人活着，这

[①] 满期保险金：保险期限届满时，保险人根据保险合同约定给付的保险金。

笔现金流就在。它可以用于养老，也可以用于其他方面。"年金保险+重疾险"的组合，可以同时为被保险人提供现金流和重疾保障。

以上就是市场上所谓的储蓄型重疾险的情况。其实重疾险还是重疾险，只不过它通过与其他类型的保险产品进行搭配，实现了类似于储蓄的功能，满足了更多消费者的需求。

▶▶▶ **延伸阅读**

刚刚工作时，我的一位领导对我说："排列组合就是创新。"

在保险行业，这种组合式创新非常多，而且会实现意想不到的效果。比如，保险公司把两个非常难销售的保险产品组合在一起，居然畅销了。因此，表面看这种排列组合没什么技术含量，但其背后可能是保险公司对市场需求的深刻洞悉。

比如，本节提到的年金保险。曾经我一直认为年金保险是为了满足养老、教育、创业、婚嫁乃至传承需求的，但居然有人把小额年金保险当成小额医疗津贴推荐给无法投保医疗险的消费者，而且取得了很好的市场反馈。

67 定期重疾险和终身重疾险，选哪个好？

前两天，一位客户给我发来两份重疾险计划书，让我帮忙看看。一份保险计划书的内容是：保额50万元，交费期30年，保障终身，每年交9485元。另一份保险计划书的内容是：保额50万元，交费期30年，保障到70周岁，每年交5756元。

▶▶▶ **专业解析**

很多客户会纠结，投保重疾险时，是选择保障至某个年龄的定期重疾险，还是选择保障终身的终身重疾险。其实，定期也好，终身也罢，归根结底还是要看客户的需求是什么。

本书第64节讲到，重疾险的保额配置可以分为三个层次：①50万~80万元的保额；②相当于3~5倍年收入的保额；③想给子女留多少钱，就购买多少保额。

第一个层次，客户需要投保终身重疾险，因为无论客户年龄大小，重疾造成经济损失都是差不多的。

第二个层次，客户可以投保定期重疾险，因为这个层次的保额可以弥补客户罹患重疾之后的收入损失。定期重疾险可保障到70周岁，甚至80周岁，此时客户已经退休，没有经济负担，可以稳定地领取退休金，即便罹患重疾，也没有收入损失了；而如果客户在退休之前罹患重疾，很可能导致无法工作或无法正常工作，会明显影响收入。

第三个层次，客户需要投保终身重疾险，而且一定要买带身故责任的，因为涉及传承的问题。

另外，刚步入社会的青年人也可以考虑投保定期重疾险。因为他们在这个时候往往收入不高、积蓄不多，未必有能力负担大额保费支出，也无力承担较大的健康风险，所以定期重疾险是他们这个年龄阶段很好的选择。但随着年龄的增长，待他们的经济能力提高后，需要把终身重疾险也配置上，真正做到保障到位。

同时，我们借本节案例来思考一下，为什么同一款重疾险产品，保障到 70 周岁和保障终身的保费会有这么大的差异？原因很简单，决定保险产品价格的最主要因素是风险发生率。虽然前者保障到 70 周岁就结束，看起来花费的钱少一些，但事实上很大的概率是，客户在 70 周岁之前什么风险都没出，70 周岁之后风险更高，反而没有了保障，这其实很吃亏。更亏的是，客户在 70 周岁之后再想买重疾险，基本上是不可能的了，市面上很少有保险公司允许超过 70 周岁的人投保重疾险。

▶▶▶ 延伸阅读

"定期重疾险和终身重疾险并没有一个明显的分界线。"这句话是不是颠覆了你的认知？理论上，二者的确有很大的差别，但在实践中，终身重疾险也可以当成定期重疾险来用。

有些同行会问我这样的问题："我所供职的保险公司只有终身重疾险，但是客户就是想要定期重疾险，该怎么办呢？"

其实很简单，终身重疾险的保单是有现金价值的（定期重疾险也有，但要低一些），比如本节案例中的这款保障终身的重疾险。当被保险人到了66周岁的时候，其现金价值就已经超过了所交保费。此时，客户有两个选择：第一，直接终止合同，取出现金价值，这变相实现了定期重疾险的功能；不仅如此，客户还可以自主选择是66周岁终止合同还是72周岁终止合同，或者其他时间终止合同，自由度很大。第二，持有到终身。

当然，我更建议客户做第二个选择。

68 我能异地购买重疾险吗?

虽然我学习的是保险专业,但我的同学并非都从事保险行业,因此也会有同学找我买保险。

某天,一位长期生活在天津的同学看上了一款重疾险产品,可是这款重疾险产品的销售区域不包括天津,他问我能不能异地购买。

▶▶▶ **专业解析**

"能否异地购买重疾险"这个问题比较复杂,为了让你更容易理解,我只做简要的说明。

我们可以简单地把重疾险分成两类:互联网重疾险和线下重疾险。这两者的区别就在于,互联网重疾险是消费者自己在线上购买的,不需要销售人员(监管机构也不允许销售人员销售互联网重疾险);而线下重疾险是有销售人员的,而且消费者必须找销售人员购买。

互联网重疾险是没有区域限制的,但不排除有些保险公司出于管理或者风控的考虑做一些限制,所以消费者在投保时只要按要求购买就行了。线下重疾险则不同,因为监管机构对销售人员的展业(开展业务)区域是有限制的(通常只允许在本省销售),所以外省的消费者无法购买。

但事实上，只允许在本省销售的重疾险，也有外省消费者购买的情况。举个例子来说，消费者的原籍在山东，但是在北京长期居住，是可以购买只在北京销售的重疾险的，因为他在投保时的居住地址就在北京。如果后来因工作调动或其他原因，消费者回到了自己的原籍或去了其他省份生活，此时居住地址已变更，会不会对重疾险保单有影响呢？

从我的实务经验来看，消费者只要把保险合同中的地址变更成他的现居住地址就可以了，保单的效力不会受到影响，保险公司也不会因为消费者的居住地址变更了就拒绝赔付——至少我从业至今没有遇到过。这是因为，居住地址的变更通常对保险事故的发生没有影响，所以保险公司一般对此也没有具体的要求。

由于案例中我的同学看中的这款重疾险产品的销售区域并不包括天津，所以我建议他还是在天津选择适合自己的重疾险产品。

▶▶▶ **延伸阅读**

中国幅员辽阔，因此，在买保险这件事上，才发生了异地投保这个现实问题。除了头部的少数几家保险公司，大多数保险公司不可能把分支机构开遍全中国。而且中国各地文化差异较大，很多保险公司并不具备承保全国各地消费者的专业能力，于是就发生了可能某些产品只在一部分地区销售，其他地区的消费者对该产品有需求时，会遇到异地投保的问题。

69 我想给我爱人买重疾险,但是他不同意,我可以私自给他买吗?

卖保险的人最怕听到的话就是"回家跟老公/老婆商量一下",因为这一商量,结果往往就石沉大海了。

当然,也有相反的情况。自己要买,不用商量,还要给老公/老婆买,但是老公/老婆就是不同意,拒绝在保单上签字,该怎么办?

▶▶▶ **专业解析**

那时我还青春年少,身边有位同龄人也是卖保险的,他追求女孩时,送的礼物是一份保险。后来他们"有情人终成眷属",可惜好景不长,几年后又离婚了,也不知道当年的那份保单他们是如何处理的。

"你问我爱你有多深?我给你买份保险吧。"保险当然可以作为礼物表达心意了。但是你可能会有疑问,为什么给爱人买包、买手机都不需要对方签字,而买保险就需要签字呢?其实,并不是所有的人身保险都需要被保险人签字。

《保险法》

第三十四条第一款 以死亡为给付保险金条件的合同,未经被保险人同意并认可保险金额的,合同无效。

从《保险法》的规定中可以看出，如果保险合同中不包含死亡责任，是不需要被保险人签字的。

如果想要为爱人投保重疾险呢？实务中，由于大多数的重疾险都带有身故责任，因此需要被保险人签字同意，保单才能生效。所以，如果你想给爱人买一份重疾险，对方又不同意，可以选择不带身故责任的重疾险。只是，有些保险公司出于某种原因，比如更好地控制风险，仍然要求无身故责任的重疾险的被保险人签字确认。对于保险公司这种过度"风控"的措施，我觉得是没有必要的。

我们再把问题扩展一下，如果保险合同上的签字是由别人代签的，会不会影响保险合同的效力呢？这里的"代签"，不光包括投保人代替被保险人签字，还包括他人代替投保人签字等所有的代签行为。

"代签"默认是无效的，除非被代签的人自己认可代签的效力。我记得刚刚工作时，领导告诉我，保险公司会对投保人进行回访，询问保单上的签字是否为本人签字。如果不是，保险公司会询问投保人是否认同代签的效力。

但无论如何，还是建议大家在投保时由本人签字，不要代签，否则日后理赔难免出现麻烦。

▶▶▶ **延伸阅读**

我们来看一个案例：

2017年7月25日，王某为丈夫刘某投保了一份带身故责任的重疾险，年交保费 16 225 元。

2017 年 7 月 27 日，刘某应保险公司的要求到医院对身体状况进行体检；同日，刘某在体检报告书上签字。

2019 年 5 月，王某以丈夫并未在保单上签字，自己代签的保险合同无效为由，要求全额退保。

保险公司不同意王某的退保要求。于是，王某将保险公司告上法庭。

法院认为：

（1）根据《中华人民共和国婚姻法》第十七条[①]的规定，夫妻对共同所有的财产，有平等的处理权。他人有理由相信其为夫妻双方共同意思表示的，另一方不得以不同意或者不知道为由对抗善意第三人。

（2）刘某在投保后参加了体格检验，并且签字认可了体检报告书。体检报告书是保险合同成立的依据，刘某参加体检的行为应当认定为对王某代其签订人身保险合同行为的追认。刘某默许了代签行为，也就不能以此抗辩要求全额退保。

[①] 自2021年1月1日起，《民法典》正式施行，《民法典》婚姻家庭编取代《中华人民共和国婚姻法》（以下简称《婚姻法》）。此处《婚姻法》第十七条对应《民法典》第一千零六十二条。

Chapter 5

第五章

——

保险理赔：
流程、资料与注意事项

70 重疾险理赔的一般流程是什么?

2016年1月,于女士投保某款重疾险。

2017年11月,于女士参加了单位组织的体检,结果显示"疑似甲状腺癌,建议去市医院检查治疗"。11月3日,于女士到当地的三甲医院做进一步检查,结果显示"考虑为甲状腺乳头状癌,建议术中冻结"。医生说是癌症的概率很大,但仍然不能确诊。

2017年11月15日至20日,于女士入住市医院特需医疗中心,施行"甲状腺双叶全切除术",最终的病理诊断为"右侧甲状腺乳头状癌,淋巴结未见癌转移"。

出院后,于女士联系当时卖给她保险的销售人员,询问道:"理赔流程是什么?多久才能得到理赔款?"

▶▶▶ **专业解析**

一般情况下,重疾险的理赔流程是比较简单的,第一步就是及时报案。

《保险法》

第二十一条 投保人、被保险人或者受益人知道保险事故发生后,应当及时通知保险人。故意或者因重大过失未及时通知,致使保险事故的性质、原因、损失程度等难以确定的，保险人对无法确定的部分，不承担赔偿或者给付保险金的责任，但保险人通过其他途径已经及时知道或者应当及时知道保险事故发生的除外。

需要注意的是，《保险法》只规定了"及时"，并没有明确"及时"指多长时间。有些保险公司在保险合同中对"及时"的时间，有相关的约定，消费者要注意查看。

这里很容易产生疑问：消费者很可能无法判断自己的情况是否已经满足理赔条件，那应该什么时候报案呢？实务中，我也经常被客户或者同行询问："目前被保险人的情况是这样的，能不能理赔？"其实，能不能理赔是不需要消费者自己判断的。我的态度是"不管能不能赔，先报再说"，因为消费者不需要为理赔说明理由，而保险公司要为不理赔说明理由。

《保险法》

第二十四条　保险人依照本法第二十三条的规定作出核定后，对不属于保险责任的，应当自作出核定之日起三日内向被保险人或者受益人发出拒绝赔偿或者拒绝给付保险金通知书，并说明理由。

也就是说，《保险法》没有让消费者承担理赔的举证责任，而让保险公司承担拒赔的举证责任。熟悉法律的读者一定清楚，这样的规定对消费者是非常有利的。

另外，我一直主张消费者在出现患病情况后就应当及时与保险销售人员沟通，因为他们有一定的经验，能够在就医过程中给出一些有利于理赔的协助。本节案例中，于女士应该在体检发现问题时就联系保险销售人员，而不是手术完成出院后才联系。

报案是理赔流程的第一步。目前保险公司的报案渠道非常多，比如客服电话报案、公众号报案、App报案等。报案后按照保险公司的要求提交资料就可以，而且需要提交的资料在保险合同中都是有明确约定的，通常包括保险合同、身份证件、证明保险事故的相关资料（医院的住院病历等）。关于理赔资料，我会在下一节中做详细说明。

第二步是保险公司进行理赔审核。对于短期出险的情况，保险公司的审核是比较严格的，尤其是投保后一年内就出险的，保险公司很可能会安排人员面见被保险人及其家属。通常来讲，出险时间越晚，保险公司的审核越"宽松"。

2019年，我经手过一个肝癌的理赔案。被保险人于2006年因乙肝住院治疗，之后一直是"大三阳"。2008年投保重疾险时，他并没有如实告知，2019年罹患肝癌。理赔前，被保险人很担心审核不通过，但事实上，资料交上去没几天保险金就到账了。

很多人对保险公司的调查工作不太了解，以为保险公司只要到医院、体检机构、医保局查询，被保险人的资料就都出来了。其实没有这么简单，保险公司不是政府部门，只是商业机构。保险公司的调查，很多时候并没有那么顺利。我本人就经历过医院不接待保险公司调查的情况。保险公司的调查其实是多种手段并用的，很多时候都需要实地走访。

待保险公司的理赔审核完成之后，没有问题的，被保险人只需要等待理赔款到账；有问题的，保险公司会说明理由。

▶▶▶ 延伸阅读

我们来看一下张女士的理赔之路。

第1天：张女士通过保险公司官方App申请理赔，拍照上传病历资料，正式立案。不到1小时，保险公司下发补充资料通知，要求张女士补充最近2年的单位体检报告。

第14天：保险公司查到张女士于2015年4月，也就是投保前的几个月，曾在医院神经内科门诊进行治疗，要求张女士提供当时的病历资料。

第20天：张女士致电保险公司询问进度。保险公司回复上次提供的资料没有写明诊断结果，无法判断病因，如果病历丢失，需要补充一份说明。张女士草拟了一份补充说明提交给保险公司。

第32天：张女士收到保险公司通知，同意理赔。

第34天：理赔款到账。

71 重疾险理赔，都需要哪些资料？

2015 年 10 月，刘先生投保终身重疾险。

2019 年 7 月，刘先生单位组织体检，发现疑似甲状腺癌，需要进一步检查确诊。于是，刘先生立即去当地的三甲医院做进一步检查，并且拿到穿刺病理诊断报告，结果显示"考虑为甲状腺鳞状癌，建议手术切除"。

出院后，刘先生按照保险合同的要求提交了完整的资料申请理赔，可保险公司要求刘先生补充提供投保前的体检报告。这在保险合同里并没有要求，请问这合理吗？

▶▶▶ **专业解析**

如果客户想顺利得到重疾险的理赔款，就要准备详细的理赔资料。只有理赔资料齐全，客户才可以少走弯路，快速拿到理赔款。至于申请理赔时客户需要提交哪些资料，保险合同中有明确约定。对此，不同保险合同可能略有差异，但大体相同，一般包括：

（1）保险合同。

（2）有效身份证明和银行卡。

（3）理赔申请书。

（4）证明保险事故的相关资料（通常为完整的就诊资料）。

我一直不理解为什么保险公司要求客户在理赔时提交保险合

同，保险公司的后台完全可以调取保险合同。在我看来，这个要求完全没有意义。

在一次理赔纠纷处理中，我坚持不让客户把保险合同交给保险公司，因为我担心一旦交上去，客户再需要引用保险合同上的某项约定时，就没有证据了。后来在双方的协商中，保险公司坚称投保时询问了甲状腺结节，并拿出了空白投保书为证，但客户手里的保险合同的投保书中没有询问甲状腺结节。当然，保险公司并不是故意这样做的，而是投保书曾经改过版，保险公司搞错了。人都会犯错，保险公司也是如此。所以，手里保留一份合同还是很有必要的。

大多数情况下，对于重疾险，保险公司都会同时签发纸质版合同和电子版合同。有些保险公司默认签发电子版合同，纸质版合同需要客户申请。建议客户一定要申请纸质版合同，毕竟大多数的重疾险是要保障几十年甚至终身的。短期重疾险一般不提供纸质版合同，这倒问题不大，客户可以自行打印存档。

如果理赔资料不完整，保险公司会通知客户补充资料，而且保险公司必须一次性通知到位，不能多次打扰客户。

《保险法》

第二十二条　保险事故发生后，按照保险合同请求保险人赔偿或者给付保险金时，投保人、被保险人或者受益人应当向保险人提供其所能提供的与确认保险事故的性质、原因、损失程度等有关的证明和资料。

保险人按照合同的约定,认为有关的证明和资料不完整的,应当及时一次性通知投保人、被保险人或者受益人补充提供。

这里需要注意的是,有时候保险公司可能会要求客户提供一些保险合同里没有要求的资料,最常见的就是投保前的体检报告。案例中的刘先生遇到的就是这种情况。这是因为保险公司对于保险事故要进行调查取证,但如果保险公司自己去调取客户的体检报告,可能耗时较长,会影响理赔的速度。

你可能会问,保险公司要调取客户的体检报告,是不是应该先取得客户的同意啊?其实,客户在投保时,就已经默许了保险公司可以调查其健康情况。几乎所有保障型的产品在投保须知里都有类似下面这样的授权声明:

13. 为提供保险服务的需要,投保人同意授权:××可通过知悉本人、被保险人以及受益人信息的机构查询,获取与本人、被保险人以及受益人信息有关的全部信息(包括但不限于投保、承保、理赔、医疗信息等);××及与其具有必要合作关系的机构均可对上述信息进行合理的使用。为确保信息安全,××及其合作机构应采取有效措施并承担保密义务。本人谨此授权任何注册医师、医院诊所、保险公司或其他拥有本人及被保险人资料、或了解本人及被保险人、或本人及被保险人将来可能求诊的组织、机构或个人，均可向××或其他保险人或有管辖权的司法部门提供所了解的关于本人的资料和信息。本授权文件的复印件与正本拥有同样的效力。

14. 本人同意并授权××在中国法律允许或要求的范围内，基于保护客户权益，提供优质服务以及××落实监管部门及其他客户信息真实性、完整性要求目的，将本人、被保险人及受益人的个人信息、保单信息、理赔信息，根据本保险合同之需要而查询和收集的相关信息以及履行本保险合同可能涉及的保单信息、医疗信息提供给中国银行保险信息技术管理有限责任公司（简称"中国银保信"）、中国保险行业协会及其分支机构、其他合法第三方公司，进行信息真实性验证、信息管理和合理利用。

也就是说，在客户出险申请理赔时，保险公司有权从任意渠道调查客户的既往病史和所有体检报告。不过，保险公司并不知道客户具体是在哪里做的体检，此时就需要客户协助提供。这样能加快理赔的速度，对双方来讲都是好事。

当然，客户的这种配合并不是义务的，只要是合同里没有要求的资料，客户可以拒绝提供。

▶▶▶ **延伸阅读**

理赔重疾险的注意事项主要有以下几个：

（1）合同里一般要求客户要在二级以上公立医院就诊。

（2）客户应告知医生自己有商业保险的情况，请医生在填写病历时注意措辞准确。大医院的医生一般是有经验的。

（3）客户因意外导致疾病，一定要让医生在病历中写清楚意外事由，避免被误认为是旧疾。

（4）客户要请医生不要写与实际病情不相干的一些特定字眼，比如先天的、原生的、N年前的、旧病复发、长期患有……否则就可能有带病投保的嫌疑。

（5）医院给的资料是保险公司判定理赔与否的重要依据，客户一定要谨慎填写和保存。

（6）客户如果把病历、诊断证明丢了，可以带着身份证原件去医院的档案室申请补开。

（7）如果病历上有书写错误，客户需要去医院，按照《病历书写基本规范》来修改。

（8）客户要注意申请理赔的时效性，最好第一时间通知保险公司。重疾险合同中一般都会有保险事故通知条款，有的规定在10天之内。

（9）涉及保障残疾的，保险公司会根据残疾等级按比例赔付，这就涉及残疾定级。因为不同机构的定级标准可能有所不同，所以客户最好到保险公司指定的评定机构定级，不要自己定级，避免自己定级的结果不被保险公司认可。

72 发现自己得了病，是不是要先跟保险销售人员说？

2018年，李先生投保了某款重疾险。2019年，李先生去医院看病时，医生在病历上写了一句话，"肺结节三年余"。这么算下来，首次发现肺结节的时间早于投保时间，而李先生在投保时又没有告知自己有肺结节，于是理赔出现了问题。

据李先生自己说，他在投保前根本没有肺结节，不知道医生为什么会这么写。虽然经过沟通，李先生最终拿到了理赔款，但过程中的曲折，还是让李先生觉得不适。

▷▷▷ **专业解析**

大家首先要明确的是，保险销售人员不是医生，不可能给客户看病；医生也不是保险销售人员，给不了客户关于保险的专业建议。

这里插几句题外话。很多时候，卖保险是一个受累不讨好的工作。客户宁愿相信医生或者律师给出的保险建议，也不愿意相信保险销售人员。这就是专业的价值，即只有你真的专业，而且客户认可你的专业，客户才会相信你。这一点，需要广大同行反思。

市场上有一部分保险销售人员对自己的定位并不清楚，总觉得自己要在医学、法律上给客户提供专业的建议，对此，我并不认同。术业有专攻，保险销售人员学习一些医学、法律的知识对工作是有益的，但永远不应该用自己的业余爱好去挑战别人的专业。

言归正传。客户患病时，应该及时就医，听从医生的诊疗建议；但生了病第一时间通知保险销售人员，也是很有必要的。为什么这么说呢？因为保险理赔对一些医疗资料是有要求的，保险销售人员可以提前给出建议，让客户在就医过程中注意完整地保存资料。如果资料有些小问题，客户可以当场请医生修改。本节案例中的李先生如果能够在就医过程中请医生及时修改病历，就不会在理赔时出现问题了。

对于具体疾病治疗的方法，保险销售人员虽然不能给出医学上的诊疗建议，但是可以给出方便日后理赔的沟通事项。比如，重疾险合同中很多和肝相关的疾病理赔条件中都要求有"持续性黄疸"，但是实务中，因为"持续性黄疸"是肝病常见的一个症状，所以很多医生在治疗过程中不会把这个症状写在病历里。这一点虽然对治疗没有什么影响，却对理赔有影响。这时，保险销售人员可以做到事前提醒，以便客户日后进行理赔。

总体来说，客户发现自己得了病，如果能够及时通知保险销售人员，对于今后的理赔会有较大的益处。

我曾遇到过一起特别"有意思"的理赔案。医生把病历写错了，导致保险公司不理赔。客户到医院请求修改病历，医生说："是我写错了，但是我改不了，要不你们去法院告我吧。保险公司就是事儿多，咬文嚼字。"客户觉得医生说得很有道理，真的把保险公司告上了法庭。

▶▶▶ **延伸阅读**

有的保险销售人员会在客户就诊前，建议客户对医生隐瞒投保前的病情，这样保险公司就无法在病历上发现客户不如实告知了。我觉得这是个坏主意。

王先生吃得多、动得少，早早就有"三高"，投保前还患有冠心病，至今一直在服用药物。由于王先生经常不刷牙，口腔卫生状况差，导致颌骨脓肿，因此前往医院做颌骨脓肿的排脓术和相关的牙科治疗。

前往医院治疗之前，王先生想起保险销售人员对他说过：去医院别说以前得过冠心病的事。王先生就照办了。结果，"麻药一上，心脏骤停"，小小牙科治疗变成了大抢救，王先生也去"鬼门关"走了一遭。

医院事后追查原因，主要是王先生未如实供述病史，导致麻醉时未考虑冠心病史。虽然医院承担了一部分责任，但是大部分责任需要王先生自己承担。

73 重疾险理赔快不快？怎么查看各家保险公司的重疾险理赔速度？怎么才能快速理赔？

客户的理赔资料交了 13 天还没收到保险公司的理赔结果，我给这家保险公司发了一封邮件，内容如下：

"我们已经有不少'钱没少赔，客户却依然不满意'的案例了，还请妥善处理本案，加快进度。

"2020 年的义乌肺腺癌案，贵司一分没少赔，但因为理赔过程中处理不当，导致本已谈好的数单加保（再次购买保险）一个都没有成交。并且，相关销售人员本来很喜欢销售贵司的年金险和重疾险，此后也基本不再销售贵司的产品。

"本案相比义乌肺腺癌案，案情更加清晰，我司也与客户做过详细沟通，还请贵司能特事特办，不要让客户误解保险。"

邮件发送两天后，理赔款到账。

▶▶▶ **专业解析**

曾经有一位"慕名"前来请我帮忙理赔的患者，这位患者为了找我，还委托了一个名人来联系我。我以为这里边有多大的"冤情"呢！结果只是资料交上去后等了十几天，中间还补充过一次资料。我跟他说："等到第 30 天如果保险公司还不理赔，你再来找我。"结果没过几天这位患者就收到理赔款了。

那么，理赔到底需要多少天呢？

《保险法》

第二十三条第一款　保险人收到被保险人或者受益人的赔偿或者给付保险金的请求后，应当及时作出核定；情形复杂的，应当在三十日内作出核定，但合同另有约定的除外。

保险合同中对于理赔时效也会有所约定。比如，某重疾险合同中是这样约定的：

我们在收到保险金给付申请书及合同约定的证明和资料后，将在5日内作出核定；情形复杂的，在30日内作出核定（若需补充资料，计算期间将扣除您、被保险人或者受益人补充提供有关证明和资料的期间）。

以我的实务经验来看，如果重疾险的被保险人在保单生效满两年后出险，理赔速度通常是非常快的；但如果在两年内出险，理赔的时间可能会长一些。

需要特别说明的是，很多保险公司喜欢宣传自己的理赔速度快，比如"平均理赔时间3天"之类的。对于这种宣传，客户不必太在意，因为它的背后可能有大量的小额医疗险案件拉快了平均理赔速度。事实上，对于动辄几十万元理赔款的重疾险案件来讲，即使理赔过程很顺利，可能也要一周时间；如果是短期出险或者理赔过程不是很顺利，估计要一个月。而理赔过程顺利的前提是投保过程没有"瑕疵"，最主要的是不存在不如实告知的情况。

目前，很多保险公司为了提升客户服务体验，往往会推出闪赔、快赔、先赔的服务，其目的就是加快理赔速度。比如，目前已经有不少客户体验过"当天申请，当天到账"的服务了。我个人觉得，对于重疾险这个险种，赔得足比赔得快更重要，而赔得足的前提是保额要买足。

▶▶▶▶ **延伸阅读**

目前很多保险公司会定期发布理赔报告，一般每月发布一次，报告里通常会包含理赔速度，这说明保险公司已经非常重视客户的理赔体验了。

不仅如此，目前监管机构对于保险公司的服务评级中，理赔服务的权重也是很大的。

74 申请理赔有时效限制吗？

被保险人何某 2012 年患急性心肌梗死，当时他向保险公司咨询能否理赔，被告知不能。

2020 年，何某遇到了我的一个同行，同行出于好奇看了下他 2012 年的住院病历，判断已经达到理赔标准，遂协助申请理赔。

最终，何某不光得到了理赔款，还得到了保险公司退还的他 2012 年以后所交的保费。

▶▶▶ **专业解析**

《保险法》

第二十一条 投保人、被保险人或者受益人知道保险事故发生后，应当及时通知保险人。故意或者因重大过失未及时通知，致使保险事故的性质、原因、损失程度等难以确定的，保险人对无法确定的部分，不承担赔偿或者给付保险金的责任，但保险人通过其他途径已经及时知道或者应当及时知道保险事故发生的除外。

由于《保险法》只规定了出险后应当"及时"报案，但对于何为"及时"并未明确规定，导致实务中会产生纠纷。有些保险公司会在合同中约定报案的时间，比如 10 天内；有些保险公司则只约定"及时"。但是，不及时报案不代表一定会影响理赔，因为按照法律规定，不及时报案如果对保险事故的判断无实质影响，保险公司依然要理赔，本节案例中何某的情况就是如此。

需要注意的是，实务中，有些人对报案时效和诉讼时效分不清楚。

《保险法》

第二十六条第一款 人寿保险以外的其他保险的被保险人或者受益人，向保险人请求赔偿或者给付保险金的诉讼时效期间为二年，自其知道或者应当知道保险事故发生之日起计算。

重疾险关于理赔的诉讼时效是二年。诉讼时效是指权利人经过法定期限不行使自己的权利，依法律规定其胜诉权归于消灭的制度。这句话不太好理解，不过没关系，你只要明白，如果没有发生诉讼，就和诉讼时效没有关系。另外，是否超过诉讼时效，需要法院来判断，保险公司是没有这个权利的。

实务中，我遇到过保险公司以超过"诉讼时效"为由拒赔的情况。看过下面这份理赔通知书之后，我大吃一惊：保险公司的工作人员竟然如此外行。

王××女士于2020年8月21日向我司提出重大疾病理赔申请，距初次确诊"甲状腺乳头状癌"已超4年，超过保险合同条款约定以及《保险法》规定的保险金请求赔偿诉讼时效。故我司对本次重大疾病的理赔申请不予受理，并已于2020年8月27日向被保险人发出不予受理通知书。

> ▶▶▶▶ **延伸阅读**

《保险法》

第二十六条第二款　人寿保险的被保险人或者受益人向保险人请求给付保险金的诉讼时效期间为五年，自其知道或者应当知道保险事故发生之日起计算。

重疾险不属于人寿保险，因此重大疾病保险金关于理赔的诉讼时效是二年。但如果重疾险包括了身故责任，关于身故保险金的理赔诉讼时效是否应该是五年呢？

按照规定，即使带有身故责任，重疾险依然不属于人寿保险，所以诉讼时效就是二年。但实务中，有些保险公司会在重疾险合同中约定身故保险金的理赔诉讼时效为五年，我认为这样更为合理。

75 重疾险是不是确诊就可以理赔?

2011年4月,李女士的老伴因脑卒中住院。好在李女士在2008年就为老伴投保了重疾险,想到当初保险销售人员说"确诊即赔",便立即把理赔资料交给了保险公司。

没想到的是,保险公司以"没有后遗症,腿脚还好使"为由拒绝了李女士的理赔申请。

▶▶▶ **专业解析**

"保险能避债避税"与"重疾险确诊即赔"堪称保险业的两大谣言。本节案例就是重疾险销售人员错误地宣传了"确诊即赔"而造成理赔纠纷的一个典型。

一般情况下,消费者对于确诊的理解是"做出明确诊断",也就是医生对于患者的疾病有了定论,而重疾险理赔的条件则是被保险人发生合同约定的疾病。

请注意,重疾险合同中所谓的"疾病"未必是指医学上的某一种疾病,还有可能是实施了某一项手术、达到了某一种状态,甚至可能是疾病、手术或状态的综合体。

案例中李女士的老伴已经确诊了脑卒中,但还没有达到重疾险合同中约定的理赔条件。我们来看看李女士合同中的约定:

脑中风后遗症

指因脑血管的突发病变引起脑血管出血、栓塞或梗塞，并导致神经系统永久性的功能障碍。神经系统永久性的功能障碍，指疾病确诊180天后，仍遗留下列一种或一种以上障碍：

（1）一肢或一肢以上肢体机能完全丧失；

（2）语言能力或咀嚼吞咽能力完全丧失；

（3）自主生活能力完全丧失，无法独立完成六项基本日常生活活动中的三项或三项以上。

案例中所谓的"腿脚还好使"指的就是没有达到"一肢或一肢以上肢体机能完全丧失"。

当然，我不认为保险公司理赔时会说出"腿脚还好使"这样的话来，这多半是媒体报道中为"吸引眼球"的一种做法。

为什么重疾险中疾病的理赔条件和消费者通常理解的"确诊"不同？原因很简单。既然是重疾险，肯定不是生病了就能赔的，"重"意味着要达到一定条件才能理赔。如果生病了就能赔，那重疾险的保费肯定会贵出许多，那么一方面会导致一部分消费者与重疾险无缘；另一方面，买了重疾险的消费者也未必需要这么多保障。

虽然为了迎合消费者的需求，现在的重疾险已经保障了轻度疾病、中度疾病，甚至还有所谓的前症责任，但仍然需要满足一定的理赔条件才能够获得理赔。

因此，保险公司及其销售人员在日常的营销中，应当尽量避免给消费者造成误解，不要使用"确诊即赔"这样的宣传语，严谨的说法应该是"达到合同约定的疾病即可赔付"。

▶▶▶ 延伸阅读

重疾险为什么不是"确诊即赔"？因为设计重疾险的初衷并不是给被保险人提供"看病钱"，而是"养病钱"。提供"看病钱"的保险是医疗保险，这一点我在本书中已经重复多次。因此，配置保险时我通常建议消费者投保"重疾险+医疗险"的组合，做到张新征医生说的"轻重搭配，保障到位"。

案例中李女士投保的时间是 2008 年，当时的重疾险合同中的"脑中风后遗症"使用的是 2007 版定义，即 2007 年中国保险行业协会与中国医师协会共同制定的《重大疾病保险的疾病定义使用规范》，该规范中共定义了 25 种重大疾病。

目前的重疾险合同已经使用 2020 版定义，这一版对 2007 版定义中的 20 种疾病进行了定义修改，还新增了 3 种重度疾病和 3 种轻度疾病。"脑中风后遗症"在重度疾病和轻度疾病中都有相关的标准，我们来做个对比。

从表格中我们可以看出，在重度疾病方面，2020 版定义与 2007 版定义的理赔条件基本相同，只是对于检查手段和身体指标做了进一步细化，理赔时的可执行性更强。在轻度疾病方面，也并非"确诊即赔"，同样要达到一定的条件才能赔付。

2007版定义和2020版定义中关于"脑中风后遗症"相关标准的对比

保障责任	2007版定义	2020版定义
重度疾病	脑中风后遗症 指因脑血管的突发病变引起脑血管出血、栓塞或梗塞，并导致神经系统永久性的功能障碍。神经系统永久性的功能障碍，指疾病确诊180天后，仍遗留下列一种或一种以上障碍： （1）一肢或一肢以上肢体机能完全丧失； （2）语言能力或咀嚼吞咽能力完全丧失； （3）自主生活能力完全丧失，无法独立完成六项基本日常生活活动中的三项或三项以上	严重脑中风后遗症 指因脑血管的突发病变引起脑血管出血、栓塞或梗塞，须由头颅断层扫描（CT）、核磁共振检查（MRI）等影像学检查证实，并导致神经系统永久性的功能障碍。神经系统永久性的功能障碍，指疾病确诊180天后，仍遗留下列至少一种障碍： （1）一肢（含）以上肢体肌力2级（含）以下； （2）语言能力完全丧失，或严重咀嚼吞咽功能障碍； （3）自主生活能力完全丧失，无法独立完成六项基本日常生活活动中的三项或三项以上
轻度疾病	无	轻度脑中风后遗症 指因脑血管的突发病变引起脑血管出血、栓塞或梗塞，须由头颅断层扫描（CT）、核磁共振检查（MRI）等影像学检查证实，并导致神经系统永久性的功能障碍，但未达到"严重脑中风后遗症"的给付标准，在疾病确诊180天后，仍遗留下列至少一种障碍： （1）一肢（含）以上肢体肌力为3级； （2）自主生活能力部分丧失，无法独立完成六项基本日常生活活动中的两项

76 保险公司就是不想赔钱,不然的话,为什么买保险的时候不调查,理赔时却使劲查?

我喜欢看新闻,尤其喜欢看新闻下面的评论。关于保险的新闻,无论正文说的是什么,评论中总有一些是负面的。比如,下面这个评论就是我经常看到的:

"保险公司忽悠人,就是不想赔钱,买保险时不调查,理赔的时候使劲调查。"

▶▶▶ **专业解析**

买保险时不调查?当然不是。保险公司在客户投保时的调查主要有三个方面:

(1)健康告知。买保险要填写投保书,而投保书上有一系列询问,这就是最简单的调查,需要客户如实告知。有些客户之所以误以为保险公司在客户投保时不调查,是因为没有仔细阅读投保书。

(2)健康体检。在一定条件下,通常是保额或者保费达到一定标准时,保险公司会安排客户进行健康体检。

(3)抽检。对于没有达到体检条件的投保申请,保险公司也会按照一定比例进行随机抽检。

总体来说,保险公司在客户投保时的调查,更多依靠的是客户的主动配合;而在理赔时的调查,则更多依靠的是其自身的调查能力。投保时的调查更加程序化，理赔时的调查更加个性化。这样的区别使得一部分不太了解保险的人产生了"保险公司在客户投保时不查，理赔时严查"的错误印象。我们来看看下面这个案例：

客户刘先生在 A 市投保了某款重疾险，但他本人是 B 市人，其健康告知无任何异常，保险公司最终按照标准体承保。后来，刘先生在等待期刚过后就得了脑肿瘤，先在 B 市治疗，后转到 C 市治疗，最后到 D 市治疗。

保险公司接到刘先生的理赔申请后，调查了 A、B、C、D 四个城市有头颅 CT 检查能力的医院，未发现问题，顺利理赔。

你可能觉得，刘先生投保时只填了个健康告知就完事了，到理赔的时候，保险公司却大费周章地调查四个城市的医院，肯定是因为不想赔钱才这么做的。其实，对于保险公司来说，收取保费和理赔都是在履行保险合同。保险公司在理赔时遵循的原则是"不惜赔，不滥赔"，调查得仔细一些，是为了最大限度地防止滥赔。而且，保险的基本原理是风险分摊，一旦保险公司理赔过多，最终的结果可能是增加保费，吃亏的其实是没出险的客户。

刘先生投保时，如果保险公司要对他健康告知上的所有内容逐一进行调查，该怎么调查呢？去哪些城市调查呢？去什么样的医院调查呢？因为保险公司无法预见刘先生将来会得脑肿瘤，也无法预见他会去哪些城市治疗，如果真要将健康告知上的内容一一核对，就只能将全国所有医院都调查一遍。显然，无论从时间上，还是调查成本上，这都是无法操作的。换个角度来说，如果保险公司真愿意不计成本地调查，恐怕还没调查好，客户就生病了——刘先生就是投保之后刚过等待期就生病了。

因此，投保时就对客户的健康告知内容进行全面深入的调查，不具有可操作性。保险是实务性很强的学科，我所就读的大学把保险专业归属于经济学院的应用经济学，既然是应用经济学，就不光要学习理论，也要接触实务。从实务的角度来看，理赔调查是有边界的，保险公司的调查也是有成本的，这就决定了理赔时的调查不但要合理，而且还必须具有可操作性。

▶▶▶ 延伸阅读

2020年，我的一位客户因"腔隙性脑梗死"病史被保险公司拒保，我写了一份申诉书给保险公司，大致内容如下：

2018年，客户由于眼皮跳，做了磁共振检查。当时的诊断病历显示，患者患有"腔隙性脑梗死"。于是客户重新找了一家医院，该医院的医生看了当时的磁共振报告单，发现报告单的结论有误。客户未患有"腔隙性脑梗死"，客户的眼皮跳是用眼过度导致的。客户听到医生说没事，就没有再理会，也没让医生写新的病历。而且，客户在2020年做磁共振检查时没有异常。

申诉后，保险公司要求客户授权做专项调查，客户同意了，调查结果和我写的情况一致。但最终保险公司还是做了限额承保的决定，只允许客户投保 20 万元的保额。这是我从业以来经历的为数不多的投保时做专项调查的案例之一。

77 保险公司做理赔调查时，能查到被保险人在体检中心的记录吗？

在帮客户做保单检视时，我发现客户投保前有乳腺结节没有告知，我提醒她。

她说："当时买保险时，销售人员告诉她在体检机构的记录保险公司是查不到的，不用告知。只要在医院没有就诊记录就行。"

▶▶▶ **专业解析**

我也不知道为什么一些保险销售人员会认为保险公司查不到被保险人在体检中心的记录，只能查到医院的就诊记录。有这样的认知，只能说明他们根本不了解保险公司的理赔调查是怎么回事。

对于保险公司来说，理赔调查是一种能力，不过这种能力有大有小，哪些能查到，哪些不能查到，没有定论。医院、体检中心、社保机构、药店等，保险公司可能都会去调查。

但无论是医院还是体检中心，是社保机构还是药店，都没有义务配合保险公司的调查。可能和很多人想象的不一样，实务中，保险公司去体检中心调查可能比去医院和社保机构还要更容易一些。原因很简单，体检中心是商业机构，和保险公司有很多合作机会，而医院和社保机构可能不愿意接待保险公司。

我们不能抱着侥幸的心理，认为保险公司调查不到就可以隐瞒，而应该做到在投保时如实告知。大多数保险纠纷都和未如实告知有关，如实告知是避免保险纠纷最有效的方法。还是那句话："我宁愿你买保险时麻烦一些，也不愿意你理赔时麻烦。"

▶▶▶ **延伸阅读**

2017 年 7 月，欧阳女士被诊断为急性 ST 段抬高型心肌梗死，遂向保险公司申请理赔。

保险公司立即启动理赔调查。医院以涉及客户隐私为由不予接待，而保险公司很顺利地在某体检中心调查到了欧阳女士的体检报告。

这个例子充分说明，无论是医院的还是体检中心的记录，保险公司都是有可能调查到的。

78 哪些情况下，保险公司有可能会拒赔？

葛女士一直从事财产险的相关工作，退休后发挥余热，到某保险代理公司卖人身保险。

葛女士给自己从两家保险公司各买了一份重疾险，但毕竟从业时间不长，葛女士也不太懂重疾险，导致健康告知有"瑕疵"。

葛女士得了乳腺癌后，先向A公司申请理赔，但由于投保时未如实告知被拒赔。B公司知道了葛女士的情况。虽然她还没有向B公司申请理赔，但B公司当地分公司的工作人员主动参与进来，让葛女士先与A公司协商或者诉讼，等A公司理赔了，再向B公司申请理赔，这样B公司也就不会太在意如实告知上的"瑕疵"了。

葛女士请了一个长期混迹于保险行业的律师，但这位律师是个咨询律师，讲讲道理、做做培训是一把好手，却没有实务经验。而且，这位律师还"迷之自信"，认为自己一出手，必然能搞定这个案子。

结果就是从协商到一审、二审全部失败，A公司拒赔，B公司的工作人员一看，说："我们想赔也难了。"

▶▶▶ **专业解析**

常见的保险公司拒赔情形主要有以下五种。

1. 未如实告知

关于不如实告知的后果,读者可以参见第 33 节。这里我要说的是,在实务中,投保人不履行如实告知义务是导致保险公司做出拒赔决定最常见的原因之一。

2. 带病投保

如果消费者在投保医疗险、重疾险之前就已经患病,那肯定会被拒赔。如果消费者在不知情的情况下带病投保,而且对保险事故的发生有严重影响,那么保险公司对于合同解除前发生的保险事故,不予赔付,但需要退还保费。

3. 险种不符

有的消费者缺乏基本的保险知识,认为买了就行,只要出了事就找保险公司理赔,根本不看自己买的是哪个险种。比如,消费者买的是寿险,患了病却找保险公司报销医疗费用。对于寿险,保险公司只有在被保险人身故或残疾时才会给付保险金。这种情况下,即使消费者有再多的理由,保险公司也会拒赔。

4. 等待期内出险

人身保险一般都有等待期。不同保险公司约定的等待期时长并不相同,对于等待期内发生的保险事故的处理方式也不同。比如,有的保险公司约定,等待期内发生与保险责任相关的疾病,不予赔付;有的保险公司则约定,等待期内被确诊为合同约定的疾病,不予赔付。

5. 属于免责事项

如果被保险人发生保险事故的原因属于免责条款所列事项，保险公司就会拒赔。比如，按照合同约定，被保险人因酒驾导致意外受伤，意外险是不赔付的；因酗酒引起的急性肝衰竭，重疾险也是不赔付的。

本节案例中，葛女士因为未如实告知而被 A 公司拒赔，通过诉讼也未能得到想要的结果，甚至还影响到了 B 公司的理赔。理论上，每家保险公司都是独立经营的，核保是独立的，理赔也一样。实务中，即便保险责任相同，理赔结果也有可能不同，因为不同保险公司的理赔调查能力是不同的。但是，互相参考理赔结果的情况也存在，就像 B 公司这样，看到 A 公司拒赔了，它也跟着拒赔。

事实上，在我这么多年的从业经验中，更常见的现象是一家公司赔了，另外一家已经拒赔的公司也不得不赔。所以我在给客户做保险配置时，会为其优先配置一家理赔较宽松的保险公司的重疾险，再考虑是否为其配置一些其他性价比高的重疾险。当然，这并不意味着性价比高的重疾险的理赔就严格。

▶▶▶ **延伸阅读**

陈某有三家保险公司的重疾险。

2020 年 5 月，陈某去医院做肠胃镜检查，发现有小肿物，病理诊断为：胃肠神经内分泌瘤（G1），浸润黏膜层至黏膜下层。

理赔结果是：两家保险公司按照"恶性肿瘤"予以理赔；一家保险公司提出了拒赔，拒赔理由是陈某的情况虽然达到了"浸润"，但没有"破坏周围细胞"，达不到理赔标准。

看完这三份重疾险合同之后，我发现了原因。这三份重疾险合同使用的是不同版本的重疾定义，其中两家使用的是 2007 版定义，拒赔的这家使用的是 2020 版定义。虽然拒赔并无不妥，但我还是协助客户与拒赔的这家保险公司进行了沟通，以另外两家已经理赔为基础进行协调，最终帮客户拿到了理赔款。

79 等待期内生病，重疾险赔不赔？

2016年11月18日，父母为小宝投保重疾险，等待期90天。结果，就在这90天内，小宝突然发烧，持续不退。

2017年2月14日，小宝的检查报告显示"疑似急性髓细胞白血病"。

2月28日小宝确诊急性髓细胞白血病，此时已经过了等待期。

父母申请理赔，保险公司以等待期内发生和重疾相关的症状为由拒赔，这是否合理？

▶▶▶ **专业解析**

所谓等待期，指的是保险合同生效后一定时间内保险公司可以不承担保险责任。目前，重疾险的等待期通常是90天或者180天。

2022年2月，中国银保监会人身险部印发了《人身保险产品"负面清单"（2022版）》，其中：

（十四）健康保险产品条款中等待期、保障责任或责任免除约定的判定条件不合理。如部分产品条款中约定将等待期出现的症状或体征作为在等待期后发生保险事故时的免责依据，而症状与体征均无客观判定标准，侵害消费者利益。

因此，本节的案例要是放在今天，根本不存在争议，保险公司必须理赔；如果发生在 2021 年之前，这一点的确存在争议。不同保险公司对于等待期的约定是不一样的，大致可以归纳为以下四类：

（1）等待期内被保险人达到了重疾状态，不理赔。这一点各家保险公司都一样。

（2）等待期内被保险人没有达到重疾状态，无论等待期内发生什么，只要等待期后达到了重疾状态，就可以理赔。

（3）等待期内被保险人达到了重疾状态，虽然不能理赔，但合同依然有效，等待期后得了其他重疾还能理赔。这属于比较厚道的约定。

（4）等待期内被保险人出现了症状、就诊等，延续到等待期后达到重疾状态，不理赔。这种比较多见。

本节案例中的小宝就遇到了第（4）种情况。即便我遇到第（4）种情况，很多时候也可以争取到理赔，很多司法机关也支持理赔。

▶▶▶ 延伸阅读

设置等待期的目的是防止投保人明知道或者预感到即将发生保险事故马上投保以获得理赔的行为，用专业术语来讲，这叫"防止逆选择"。显然，投保人是无法预知自己（或被保险人）是否会在等待期内出现症状的，这没有主观上的可操作性。因此，保险公司以等待期内出现相关症状为由不承担保险责任，不符合设置等待期的初衷。

体检或就诊的时间往往具有一定的可控性，有些人身体不舒服就会马上去看，有些人则习惯"扛一扛"再说。试想一下，如果有两位客户，他们的情况一模一样：一位客户在等待期内就诊发现了健康问题（但还没达到重疾状态），等待期后达到重疾状态，就得不到理赔；另一位客户"硬扛"，身体不舒服了也不去看病，直到症状非常严重了才去医院，就可以得到理赔。这岂不是一件荒谬至极的事情？

况且，这也不符合保险公司的利益。对于重疾险，保险公司保障的是群体客户的健康风险，群体客户中关心自身健康的人越多，对保险公司越有利。那些愿意早发现早治疗的人，有可能在小病阶段就治愈了，最终也许并不会发展为重大疾病。

80 被保险人被他人伤害成重疾，能否申请重疾险的理赔？

我听同行得意地讲过一个故事。一位客户来找他理赔，原因是这位客户被朋友弄伤了。

同行说："你不好意思找朋友赔钱，你好意思找我赔钱吗？"

客户听完觉得很有道理。

▶▶▶ **专业解析**

被保险人被他人伤害成重疾，保险公司赔不赔，首先要看这个"他人"是谁，以确定是否属于合同约定的免责事项。

重疾险的合同中一般会约定以下免责事项：

（1）投保人对被保险人的故意伤害、故意杀害。

这在《保险法》中有明确规定：

《保险法》

第四十三条第一款　投保人故意造成被保险人死亡、伤残或者疾病的，保险人不承担给付保险金的责任。投保人已交足二年以上保险费的，保险人应当按照合同约定向其他权利人退还保险单的现金价值。

需要注意的是，如果此时投保人已经交了二年以上的保费，保险公司是需要向其他权利人（被保险人或受益人）退还保单现金价值的。

（2）被保险人的故意自伤或二年内自杀。

故意自伤不赔，这很好理解。如果是带身故责任的重疾险，那么被保险人在二年内自杀，保险公司不赔付，但要退还保单现金价值。保单成立超过二年，被保险人自杀的，保险公司仍需赔付。但是，如果是一年期的重疾险，即便保险公司同意续保，那也是另一份保险合同了，自然不能算保单成立二年。

如果被保险人自杀时是无民事行为能力人，那不管是否到二年，保险公司都要赔付。

《保险法》

第四十四条 以被保险人死亡为给付保险金条件的合同，自合同成立或者合同效力恢复之日起二年内，被保险人自杀的，保险人不承担给付保险金的责任，但被保险人自杀时为无民事行为能力人的除外。

保险人依照前款规定不承担给付保险金责任的，应当按照合同约定退还保险单的现金价值。

还需要说明的是，如果是受益人故意造成被保险人死亡、伤残、疾病的，或者故意杀害被保险人未遂的，受益人将丧失受益权。但是，保险公司仍需要理赔。具体到重疾险，如果被保险人存活,保险金还是直接给付被保险人本人;如果被保险人去世,保险金将按照被保险人的遗产处理。

如果是第三者的伤害导致被保险人罹患重疾的,通常是可以理赔的,而且不影响被保险人向第三者追偿。

《保险法》

第四十六条 被保险人因第三者的行为而发生死亡、伤残或者疾病等保险事故的,保险人向被保险人或者受益人给付保险金后,不享有向第三者追偿的权利,但被保险人或者受益人仍有权向第三者请求赔偿。

除此之外,即便是来自投保人的伤害甚至是被保险人自己对自己造成的伤害,只要不存在故意,不属于合同约定的免责事项,通常也是可以理赔的。

▶▶▶ **延伸阅读**

这种第三者造成的伤害,保险公司理赔后是否可以向第三者追偿?

在《保险法》中有关于代位求偿权的规定:

《保险法》

第六十条第一款 因第三者对保险标的的损害而造成保险事故的,保险人自向被保险人赔偿保险金之日起,在赔偿金额范围内代位行使被保险人对第三者请求赔偿的权利。

但是,这条法律是专门针对财产保险合同的,不适用于人身保险合同。

81 我都做器官移植术了,还不算重大疾病吗?

"大王头脑疼痛,因患风而起。病根在脑袋中,风涎不能出,枉服汤药,不可治疗。某有一法:先饮麻肺汤,然后用利斧砍开脑袋,取出风涎,方可除根。"

华佗和曹操可能不会想到,今天,我们不光可以开颅、开胸,连器官都可以换一个。

▶▶▶ **专业解析**

什么样的器官移植术属于重大疾病呢?

重大器官移植术或造血干细胞移植术

重大器官移植术,指因相应器官功能衰竭,已经实施了肾脏、肝脏、心脏、肺脏或小肠的异体移植手术。

造血干细胞移植术,指因造血功能损害或造血系统恶性肿瘤,已经实施了造血干细胞(包括骨髓造血干细胞、外周血造血干细胞和脐血造血干细胞)的移植手术。

这是 2020 版定义中"重大器官移植术或造血干细胞移植术"的疾病定义,其中规定"肾脏、肝脏、心脏、肺脏或小肠的异体移植手术"属于重大疾病。同时,为了满足消费者的需求，各家保险公司都会在重疾险的产品保障中添加一些其他的器官移植术保障责任，比较常见的有"角膜移植术"（通常为轻度疾病）和"胰腺移植术"。但是，并非所有器官移植术都算重大疾病。

除了器官移植术，重疾险中与移植相关的保障还包括"造血干细胞移植术""冠状动脉旁路移植术""因器官移植导致的人类免疫缺陷病毒（HIV）感染"等。

另外，部分重疾险还会保障一些与移植相关的疾病，比如有保障接受了骨髓移植的"可逆性再生障碍性贫血"的，也有保障"大面积植皮手术"的。

举这些例子，就是想要告诉各位读者，不是所有的器官移植术都算重大疾病，具体要以重疾险合同的约定为准。

▶▶▶ 延伸阅读

其实，发明重疾险的医生就是器官移植领域的专家，巴纳德医生和他的哥哥实施了世界首例心脏移植手术。

进行器官移植术后，最危险的情况就是出现排斥反应，稍不留神，移植器官就可能会发生不可逆的损伤。所以，做过器官移植术的患者必须遵从医嘱，按时吃药，定期复查，随时复诊。

做器官移植术后的患者，往往要面对高昂的康复费用，而且会在很长一段时间内无法正常工作，这对于经济条件一般的家庭来说是一种沉重的负担。投保重疾险的意义，就是将这类风险转嫁给保险公司，以帮助患者更好地生活。

82 原位癌也是癌症,为什么有的重疾险不赔?还有哪些癌症重疾险不赔?

某位客户的病理检查报告中显示:子宫颈高级别鳞状上皮内病变(HSIL/CIN Ⅱ),客户向保险公司申请了原位癌的理赔。

那么,原位癌是不是癌症?重疾险保不保原位癌?

▶▶▶ **专业解析**

原位癌当然是癌症,但并非所有的重疾险都保障原位癌。无论是在 2007 版定义(也称旧规范)中,还是在 2020 版定义(也称新规范)中,均不包含原位癌的保障责任。

对此,中国保险行业协会、中国医师协会在发布 2020 版定义时有过专门的说明:

关于原位癌的问题。首先,在旧规范中,恶性肿瘤并不包含原位癌。本次修订为进一步规范恶性肿瘤的概念和范围,在参考世界卫生组织(WHO)《疾病和有关健康问题的国际统计分类》(ICD)的基础上,引入了世界卫生组织《国际疾病分类肿瘤学专辑》第三版(ICD-O-3)的肿瘤形态学标准,使定义更加准确规范。而原位癌不属于 ICD-O-3 肿瘤形态学标准中规定的恶性肿瘤,同时我们也深入研究并参考了英国、加拿大、新加坡等国家的经验（均对原位癌作了除外），因此本次修订暂不纳入原位癌。但是，各保险公司可在新规范规定病种的基础上，在重大疾病保险产品中增加原位癌保障责任，以满足消费者多元化的保险保障需求。

2020版定义中不保障原位癌的原因很简单，因为它虽然是癌，却是极早期的癌，对被保险人的工作和生活几乎没有影响，及时治疗效果好，而且治疗费用少。

但是，为了满足消费者的需求，保险公司在开发重疾险产品的时候，很多都倾向于自行添加原位癌保障责任。所以，不同重疾险产品的原位癌保障责任，可能不完全相同。

例1　某款重疾险产品的原位癌保障责任：

指恶性细胞局限于上皮内尚未穿破基底膜浸润周围正常组织的癌细胞新生物。原位癌必须经对固定活组织的组织病理学检查明确诊断。被保险人必须已经接受了针对原位癌病灶的积极治疗，所谓的积极治疗包含手术、化疗或放疗等治疗方式。

例2　另外一款重疾险产品的原位癌保障责任：

指被保险人经对固定活组织的组织病理学检查被明确诊断为原位癌。原位癌必须实际接受了依照临床诊疗指南推荐的相应的积极治疗。

下列病变不在保障范围内：

（1）任何在最新肿瘤分期指南 AJCC8 中 TNM 分期[①] 无 Tis 分期的，但被临床诊断为原位癌的病变；

（2）任何诊断为 CIN Ⅰ、CIN Ⅱ、CIN Ⅲ、VIN（外阴上皮内瘤变）、LSIL（低级别鳞状上皮内病变）、HSIL（高级别鳞状上皮内病变）的鳞状上皮内病变；

（3）任何上皮内肿瘤、上皮内瘤变、上皮内瘤。

由于不同保险公司的重疾险产品对于原位癌的保障责任可能不同，还有一些重疾险产品根本不保障原位癌，所以消费者罹患原位癌却无法理赔的情况还是存在的。

为了避免这种情况出现，消费者在投保重疾险时，一定要看准合同，必要时可以让保险销售人员为自己解读。

除了原位癌，还有哪些癌症得不到重疾险的理赔呢？在2007版定义中，以下这些癌症不在行业统一规定的保障范围内：

[①] TNM分期是一种确定肿瘤病变范围的分类方法。T表示原发肿瘤的大小和范围，有 T_1、T_2、T_3、T_4 四个等级，数字越大表示肿瘤的体积和侵犯的范围越大；同时还有Tis 和T_0两种，分别表示肿瘤只到上皮层（原位癌）、所检查的部位没有发现肿瘤病灶。N表示区域淋巴结，反映与肿瘤有关的淋巴结转移情况，有N_0、N_1、N_2、N_3四种。N_0表示未发现淋巴结受侵犯，数字越大表示局部淋巴结转移越多。如果淋巴结转移情况无法确定就用Nx表示。M表示远处转移情况，M_0表示没转移，M_1表示有转移。在此基础上，用TNM三个指标的组合划分出不同的时期。

（1）原位癌；

（2）相当于Binet分期[①]方案A期程度的慢性淋巴细胞白血病；

（3）相当于Ann Arbor分期[②]方案I期程度的何杰金氏病；

（4）皮肤癌（不包括恶性黑色素瘤及已发生转移的皮肤癌）；

（5）TNM分期为$T_1N_0M_0$期或更轻分期的前列腺癌（注）；

（6）感染艾滋病病毒或患艾滋病期间所患恶性肿瘤。

注：如果为女性重大疾病保险，则不包括此项。

但是，很多保险公司会把这些放到轻度疾病中去保障。

在2020版定义中，以下这些癌症不属于"恶性肿瘤——重度"：

（1）ICD-O-3肿瘤形态学编码属于0（良性肿瘤）、1（动态未定性肿瘤）、2（原位癌和非侵袭性癌）范畴的疾病，如：

a. 原位癌，癌前病变，非浸润性癌，非侵袭性癌，肿瘤细胞未侵犯基底层，上皮内瘤变，细胞不典型性增生等；

b. 交界性肿瘤，交界恶性肿瘤，肿瘤低度恶性潜能，潜在低度恶性肿瘤等；

（2）TNM分期为I期或更轻分期的甲状腺癌；

[①] Binet分期，是一种慢性淋巴细胞白血病的分期方法，根据严重程度由轻到重分为A期、B期和C期。

[②] Ann Arbor分期，是目前公认的淋巴瘤临床分期系统，根据淋巴结和结外器官受累范围分为Ⅰ~Ⅳ期，又根据有无系统性症状（发热、盗汗、消瘦）分为A、B两组。

（3）TNM 分期为 $T_1N_0M_0$ 期或更轻分期的前列腺癌；

（4）黑色素瘤以外的未发生淋巴结和远处转移的皮肤恶性肿瘤；

（5）相当于 Binet 分期方案 A 期程度的慢性淋巴细胞白血病；

（6）相当于 Ann Arbor 分期方案 I 期程度的何杰金氏病；

（7）未发生淋巴结和远处转移且 WHO 分级为 G1 级别（核分裂像＜ 10/50 HPF 和 ki-67 ≤ 2%）或更轻分级的神经内分泌肿瘤。

但是，2020 版定义中新增的轻度疾病"恶性肿瘤——轻度"，又把上述 7 项中的后 6 项纳入保障范围。

▶▶▶▶ **延伸阅读**

本节案例中客户所患的子宫颈高级别鳞状上皮内病变（HSIL/CIN II），按照不同的医学标准，有的算作原位癌，有的不算作原位癌。我拿到这个案子之后，引用了国内外的各种医学标准和保险公司进行了数次沟通，最后终于帮客户争取到了理赔款。这个案子凸显了保险很强的实务性。

83 得了艾滋病，重疾险能赔吗？

2017年1月26日，浙江省中医院一名技术人员违反"一人一管一抛弃"操作规定，在操作中重复使用吸管造成交叉污染，导致部分治疗者感染艾滋病病毒，造成了重大医疗事故。

▶▶▶ **专业解析**

还记得当年发生这件事时，有很多人询问："保险能赔吗？"

一般在重疾险合同中，都有关于艾滋病病毒感染或者艾滋病的免责约定。比如，某重疾险合同约定"被保险人感染艾滋病病毒或患艾滋病"导致的保险事故是不赔的。但也有例外情况。比如，某重疾险合同保障了"经输血导致的人类免疫缺陷病毒（HIV）感染""因器官移植导致的人类免疫缺陷病毒（HIV）感染""因职业关系导致的人类免疫缺陷病毒（HIV）感染"的责任。

需要特别注意的是，"因职业关系导致的人类免疫缺陷病毒（HIV）感染"中的"因职业关系"并不是"因工作关系"。两字之差，却有着本质区别。一般来说，重疾险合同会对这里的"职业"进行明确约定，通常是医生和牙科医生、护士、医院化验室工作人员、医院护工、医生助理和牙医助理、救护车工作人员、助产士、消防队员、警察、狱警。

其实我觉得这里的"职业"还应该包括保险公司的投诉处理人

员，因为现实中真的发生过艾滋病患者来保险公司大闹，扬言不给钱就用沾有自己鲜血的针扎人的事。

▶▶▶▶ 延伸阅读

艾滋病和乙肝的传播途径几乎是一样的，其危害性未必比乙肝大，但大众对于艾滋病的恐惧远大于乙肝。网上曾有一个段子：

女孩想看"人性的黑暗"，她拿了张纸板，上面写着："我是艾滋病患者，可以给我一个拥抱吗？"然后举着纸板站在人群中，这时一个男孩轻轻地抱住了她，在她耳边说："别怕，我也是艾滋病患者。"可那个女孩却疯了似的挣开他的怀抱跑了。

84 重疾险中的疾病终末期保障挺好的，可是医生不会给出终末期的诊断，怎么办？

在重疾险中，未成年人的身故责任一般是返还保费。曾经某未成年人因病死亡，但其所患疾病、症状、治疗手段不符合任何一种重疾的理赔条件。在他死亡后，保险公司的理赔结论本来是返还保费，但经过保险销售人员的积极沟通，最终认为该未成年人在死亡前已经达到"疾病终末期"，正好该保险合同中也有保障"疾病终末期"的条款。就这样，保险公司从赔保费变成赔保额——这二者之间差了不少钱。

▶▶▶ **专业解析**

"疾病终末期"并不是行业统一规定一定要保障的重疾，也没有行业统一的标准定义。因此，不是所有的重疾险产品都保障这个责任；即使保，不同重疾险产品的理赔条件也可能不一样。不过，"疾病终末期"的理赔条件中一般会要求"根据临床医学经验判断被保险人存活期低于6个月"。

这里就有一个难点，哪个医生敢在病历中写"你活不过6个月了"，几乎没有吧？即便医生口头这样说了，一般也不会写下来。

那理赔依据什么呢？因此，这项保障在理赔实务中会遇到许多困难。

不同的重疾险合同对于"疾病终末期"的定位也不同：有的把"疾病终末期"作为一种重疾，和其他重疾并列；有的则把"疾病终末期"当成和重疾保障并列的保障，也就是不算作重疾，而算作一项单独的保险责任。

要理解前一种定位很简单，我们来看一个案例：

江先生为10岁的儿子小江购买了重疾险。某天，小江持续高烧，江先生夫妇将小江送到了家附近的卫生院治疗。当时大家都以为小江患的只是普通的感冒，所以只做了常规治疗，可小江一直不见好，甚至状况越来越差。等转到儿童医院时，医生直接下达病危通知书，此时的小江已有多个脏器衰竭。

小江患的到底是什么病，一直没有查出来。我的同事得知小江住院的消息，前去探望，回来后立刻报了案，申请"疾病终末期"的理赔。保险公司经调查，确定小江符合"疾病终末期"的理赔条件，最终按照重疾条款赔付了20万元。遗憾的是，小江在儿童医院接受治疗的第四天就去世了。

如果这张保单的条款中没有"疾病终末期"，那就只能理赔身故保险金了。但由于小江是未成年人，身故一般只能退还保费，而保费与保额之间的差距，还是很大的。

要理解后一种定位也很简单。举个例子来说，某客户投保了一份多次赔付的重疾险，在这份重疾险合同中，"疾病终末期"是与重疾并列的保障，也就是一项单独的保险责任。如果客户罹患原位癌，可以按照合同约定理赔轻度疾病保险金并豁免后续保费；如果客户又罹患了其他重疾，还可以继续理赔重疾保险金；如果客户所患疾病达到了"疾病终末期"，还可以申请疾病终末期的保险金。

▶▶▶ 延伸阅读

关于"疾病终末期"，某重疾险合同中是这么约定的：

疾病终末期保险金

被保险人在保险期间内因意外，或在本合同生效（若曾复效，则自本合同最后复效）之日起 90 天后因非意外的原因在本公司指定或认可的医疗机构的专科医生确诊初次达到疾病终末期阶段，本公司按以下约定给付疾病终末期保险金：

方案一：

（一）被保险人于年满 18 周岁生日当日 24 时之前达到疾病终末期阶段，本公司按本保险实际交纳的保险费的 100% 给付疾病终末期保险金，同时本合同终止；

（二）被保险人于年满 18 周岁生日当日 24 时之后达到疾病终末期阶段，本公司按以下三种方式的较大者给付疾病终末期保险金，同时本合同终止：

（1）被保险人疾病终末期确诊之日本合同的基本保险金额；

（2）被保险人疾病终末期确诊之日的已交保险费；

（3）被保险人疾病终末期确诊之日的保单现金价值。

方案二：

（一）被保险人达到疾病终末期阶段，本公司按被保险人疾病终末期时的保单现金价值给付疾病终末期保险金，同时本合同终止；

（二）被保险人在本合同生效（若曾复效，则自本合同最后复效）之日起 90 天内因非意外的原因，发生以下情形之一时，本公司按已交纳本合同累计保险费金额（不计息）给付疾病终末期保险金，同时本合同终止：

（1）被保险人在本公司指定或认可的医疗机构由专科医生确诊初次达到疾病终末期阶段；

（2）被保险人已经发生的疾病、症状或病理改变且延续到本合同生效（若曾复效，则自本合同最后复效）之日起 90 天以后在本公司指定或认可的医疗机构由专科医生确诊初次达到疾病终末期阶段。

85 我得了两种重疾,为什么保险公司只赔一个?

有同行向我咨询,某客户的情况同时符合重疾险合同保障的恶性肿瘤、深度昏迷和颅脑手术三种疾病,帮客户申请理赔时,让保险公司按照哪种疾病来理赔对客户更有利?

这位同行之所以纠结,是因为客户投保的这款重疾险,是可以理赔三次的,但有两个限制:

第一,分组:80种疾病被分成了四组,每组中的疾病只能赔付一次。例如,恶性肿瘤和另外16种疾病分在一组,如果这次按照恶性肿瘤来理赔,将来再得了本组其余16种疾病中的任何一种,都无法理赔了。

因此,这次理赔申请究竟按照哪种疾病来理赔,要考虑这三种疾病各自所在组的其他疾病的发病率。

第二,间隔期:虽然可以赔付三次,但任意两次疾病都要求间隔期不少于180天,而现在客户的情况是同时符合三种疾病,显然不能一起赔付。

▶▶▶ 专业解析

对于多次赔付的重疾险,其保险合同中有个著名的"三同"条款,一般是这样约定的:

若被保险人因同一疾病原因、同次医疗行为或同次意外伤害事故导致发生并由我们认可医院的专科医生确诊为本合同所定义的两种或两种以上重大疾病，我们仅按一种重大疾病给付重大疾病保险金。

辨别"三同"条款，就是在合同条款中找关键词，看是否有"同一疾病原因""同次医疗行为""同次意外伤害事故"，这三者中多了或者少了任何一个，就可能不是"三同"条款了。

如果重疾险合同中有这个条款，只要两种疾病被判定为同一原因，就只能理赔其中的一个。本节案例中的客户就是这种情况，因为三种疾病的原因都是脑癌。但需要特别说明的是，本节案例中的客户在得到第一次理赔款的200多天后，又得到了第二次理赔款。为什么呢？因为他的重疾险合同中并没有"三同"条款。

由此可见，"三同"条款并非行业统一规定，有些重疾险合同有，有些则没有。

此外，也有些重疾险合同约定的是"两同"，即上述所说的"三同"条款中的两个"同"；还有些重疾险合同约定的是"四同"。但对于客户来说，"四同"可能是优于"三同"的，因为"四同"是在"三同"的基础之上加上了"同时"，而"同时"有以下两种不同的表述：

（1）若被保险人因同一疾病原因、同次医疗行为或同次意外伤害事故导致同时发生……

（2）若被保险人因同一疾病原因、同次医疗行为、同次意外伤害事故导致发生或同时发生……

按照第一种表述，"四同"就优于"三同"，因为只要"不同时"，即便"三同"也能获得多次理赔；按照第二种表述，则限制更为严格，因为只要同时发生，即便不符合"三同"，也无法多次理赔。

另外，即便没有所谓的"三同"条款，保险合同还是有可能对得了两种或两种以上疾病的情况做出理赔限制的。常见的限制方法是在两次理赔之间设置间隔期，还有对关联性比较高的疾病做出限制，比如某重疾险合同是这样约定的：

如被保险人同时或先后达到"系统性硬皮病""严重特发性肺动脉高压""严重慢性肾衰竭"的给付标准，我们仅给付其中一项疾病保险金，给付后另外两项病种的责任终止。

另外，在轻度疾病、中度疾病、重度疾病中，如果被保险人同时符合这三项中的两项或三项，保险合同一般会约定按照保险金最多的责任理赔，而不会叠加理赔。

▶▶▶ **延伸阅读**

在某款重疾险产品的中度疾病中，包含了"糖尿病导致单足截除"；重度疾病中，包含了"糖尿病导致双足截除"。我问保险公司："如果被保险人需要截除双足，但是，先截除单足，申请中度疾病理赔，再截除另外一足，申请重度疾病理赔，可否？"

保险公司答复："可！"

86 同一种疾病，为什么复发不赔？

2021年年初，在保险行业从2007版定义切换到2020版定义的大背景下，我在给客户解释新旧定义的区别时，经常举一个例子，就是"重大器官移植术和造血干细胞移植术"。

在2007版定义中，重大器官包括心脏、肝脏、肺脏、肾脏，而2020版定义增加了小肠。乍一看，2020版定义更优。

事实上，使用2007版定义时，许多保险公司都会在行业统一规定下自行添加一些疾病，比如小肠移植。如果一款使用2007版定义的重疾险是多次赔付的，且保险公司额外添加了小肠移植作为一项单独的疾病，那么被保险人在做肾移植时可以理赔"重大器官移植术或造血干细胞移植术"保险金，在做小肠移植时可以理赔"小肠移植"保险金，即可以理赔两次。

使用2020版定义后，这种情况就只能理赔一次了，因为无论肾移植还是小肠移植，都属于一种病——"重大器官移植术或造血干细胞移植术"。而且大多数时候，重疾险合同中的每一种重度疾病只能理赔一次。

▶▶▶ **专业解析**

疾病可能复发，而且很多疾病的复发率较高。但在重疾险合同中，大多数时候，同一种重度疾病只能理赔一次。对于这个规定，我们可以从两个角度来看：

第一，买足保额比赔付次数更重要。

重疾险的作用是让被保险人在罹患比较严重的疾病时，能够有一笔安心养病的钱。这笔钱越充足，对被保险人的康复生存越有利。我一向认为重疾险的保额比赔付次数更重要。换句话说，只有第一次理赔拿到的钱更多的人，才更有希望活到第二次理赔。

第二，在有些情况下，复发也可以理赔。

（1）以重疾险理赔率最高的恶性肿瘤为例。许多保险公司已经推出了恶性肿瘤多次理赔的保障责任，这个"多次理赔"往往是同时涵盖新发、复发和转移的。除了恶性肿瘤，有些保险公司还会针对高发的心脑血管疾病进行多次理赔。

（2）轻度疾病、中度疾病和重度疾病之间的变化也可以达到复发理赔的效果。比如，在 2020 版定义中，轻度疾病有脑卒中的相关保障，重度疾病也有脑卒中的相关保障，同一个被保险人是很有可能先理赔轻度疾病再理赔重度疾病的，类似的情况有很多。比如，心脏从支架到搭桥，恶性肿瘤从早期的恶性病变到重度的恶性肿瘤，昏迷从 48 小时到 72 小时再到 96 小时，都有可能达到复发理赔的标准。

（3）上一节的内容中，其实也包含了一部分复发理赔的情况。上一节开头的案例，其实就是复发理赔。

▶▶▶ 延伸阅读

本书第 11 节讲过，重疾险中的一种疾病和医学上的疾病概念是不同的。重疾险中的一种疾病其实是一类疾病,可能包括医学上的许多种疾病。因此,很多时候被保险人并不是医学上的复发,但在重疾险中属于同一种疾病。

举个例子来说,被保险人得了甲状腺癌之后又得了腿癌,这叫复发吗?不叫。但在重疾险中,它们都属于同一种疾病——恶性肿瘤。

87 在监狱里得了重疾，可以理赔吗？

保险公司的人跟我说，他们有一张年交 30 万元的保单，投保人今年没有交费，也联系不上。他们高度怀疑，这个人的失踪和近期某起重大案件有关。

那么问题来了，如果被保险人进监狱了，在监狱里得了重疾，保险公司赔不赔？

▶▶▶ **专业解析**

《保险法》规定："因被保险人故意犯罪或者抗拒依法采取的刑事强制措施导致其伤残或者死亡的，保险人不承担给付保险金的责任。"具体到重疾险，则意味着被保险人因故意犯罪导致的重疾是无法获得理赔的，但是这并不等于在监狱里得了重疾就无法理赔。

若被保险人发生重疾和故意犯罪没有关系，保险公司仍然要承担赔付责任。举个例子来说，被保险人在监狱里罹患肝癌，保险公司仍然要理赔，因为在监狱服刑并不会导致肝癌，相反，监狱里的作息规律，对健康有利。

如果故意犯罪是导致重疾发生的原因，保险公司不需要理赔。比如，被保险人在试图越狱的过程中受伤导致瘫痪，即使达到了重疾险的赔付标准，保险公司也是不承担赔付责任的。

▶▶▶ **延伸阅读**

保险合同中最重要的内容,就是保险责任和责任免除。如果我们将保险责任看作一个大圈,责任免除就是大圈里的一个小圈。被保险人只要进了大圈没进小圈就可以理赔。保险责任和责任免除的关系见下图。

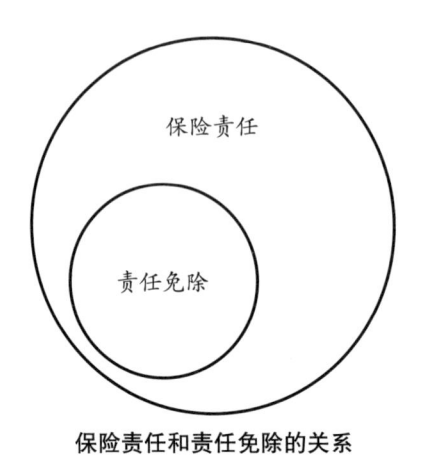

保险责任和责任免除的关系

对于责任免除,不可以做任何扩大化的解读,否则就会损害被保险人的权益。比如,免责条款中的"故意犯罪导致的保险事故不理赔",这里面"导致"二字约束了故意犯罪和保险事故要有因果关系;"故意"二字约束了当事人的主观意愿,如果是过失犯罪,则依然可以理赔;"犯罪"二字限定了当事人行为的严重程度,如果是违法行为,但又没有触犯《中华人民共和国刑法》,则仍然可以理赔。

其他免责条款,遵循的原则也相同。比如,被保险人醉驾发生交通事故，导致身体多处骨折，医院在治疗过程中发现被保险人罹患肝癌，而且已经到晚期。这种情况下重疾险能不能理赔呢？当然可以，因为肝癌在重疾险的保障范围内。虽然醉驾属于重疾险的责任免除事项，但是醉驾并不是导致肝癌的原因。

88 在国内买的保险,在国外得了重疾能理赔吗?

孙先生曾经在国内为自己购买了一份终身重疾险。2019年,他被老板派遣至国外的分公司工作。2019年9月,孙先生感到身体不适,前往当地医院检查,最终被确诊为胰腺癌。他想要申请重疾险理赔,但不确定自己在国外患病、接受治疗,能不能申请国内重疾险的理赔。

▶▶▶ 专业解析

通常,重疾险合同对医院和医生是有要求的,比如某重疾险合同的约定如下:

医院是指符合下列所有条件的医疗机构:
(1)拥有合法经营执照;
(2)设立的主要目的为向受伤者和患病者提供住院治疗服务;
(3)有合格的医生和护士提供全日24小时的医疗和护理服务;
(4)非主要作为康复、护理、疗养、戒酒、戒毒或类似的医疗机构。

专科医生应当同时满足以下四项资格条件:
(1)具有有效的中华人民共和国医师资格证书;

（2）具有有效的中华人民共和国医师执业证书，并按期到相关部门登记注册；

（3）具有有效的中华人民共和国主治医师或主治医师以上职称的医师职称证书；

（4）在二级或二级以上医院的相应科室从事临床工作三年以上。

虽然不同保险公司的重疾险合同中对此的约定略有差异，但大体上一致。那么，这是不是意味着被保险人在国外罹患重疾，就得不到赔付了呢？

我说过，保险的实务性是很强的。试想一下，如果被保险人在国外得了重疾，保险公司不赔，结果会怎样？被保险人很可能会从国外回来，在国内的医院重新做诊断，届时保险公司照样得赔钱。这样的话，不仅被保险人的理赔成本上升了，保险公司的成本也上升了，客户的满意度却下降了——这是没有意义的。

所以，目前保险行业的做法是，只要被保险人有国外正规医院的诊疗记录，就可以理赔。当然，保险公司往往会在遇到争议的时候，保留要求被保险人在国内重新做诊断的权利。

如果被保险人拥有国内的重疾险，但在国外生病了，我们建议被保险人做到以下几点：

（1）选择正规的大医院就诊。

①拥有当地合法的营业执照。

②有合格的医生和护士提供全日 24 小时的医疗和护理服务。

③非主要作为康复医院、诊所、护理、疗养、戒酒、戒毒或类似的医疗机构。

（2）选择具有执业资质的主治医生。

同国内对"专科医生"的要求一样，一般而言，保险公司要求被保险人选择的主治医生在当地有执业资质。

（3）翻译完整的病史资料。

被保险人可以携带初次就诊以来所有的病史资料，前往就诊地中国驻当地的使领馆翻译、公证（未建交国家，由代表中国在当地利益的使领馆代办）。

需要注意的是，初次就诊以来所有的病史资料，是指出现相关症状以来所有的体检报告、门诊病历、检查结果等。例如，被保险人得了甲状腺恶性肿瘤，因咽痛前往医院就诊，医生触诊后建议做超声检查，后收住入院，那么被保险人应将自咽痛开始的所有病史资料都交给保险公司。

▶▶▶▶ **延伸阅读**

目前，国内有些保险公司的重疾险合同已经把医院的范围扩展至全球。某保险公司重疾险合同中关于境外就医的条款如下：

若被保险人在境外就诊并被医生确诊，则医生的资格需符合以下条件：

指在境外医院内行医并拥有处方权的医生，亦指于被保险人在境外接受诊断、医疗、处方或手术的地区内合法注册且有行医资格的医生。但不包括被保险人本人、被保险人的代理人、合伙人、雇员或雇主，或被保险人的家庭成员，如配偶、父母、子女、兄弟、姐妹以及其他具有类似亲密关系的人。

89 我对保险公司的理赔结果不满意，怎么办？

2021年3月，张某向保险公司申请理赔，2个多月后才收到保险公司的理赔结果。更让她不满的是，保险公司的理赔结果竟然是拒赔，但保险公司又说考虑到人文关怀，愿意通融赔付40%的保额。

卖给张某保险的销售人员说："这是公司的决定，只能接受。"是这样吗？

▶▶▶▶ **专业解析**

许多人眼中的保险公司是这样的——理赔难，故意刁难客户，甚至故意不赔以节省开支；还有很多人觉得保险公司的理赔人员会靠拒赔拿提成。

其实，现在很多的保险公司都在加快理赔速度，巴不得赔得越快越好，不会故意不赔付，因为保险公司的口碑是"赔"出来的。

如果客户对保险公司的理赔结果不满意，应该怎么办呢？

首先，客户要弄清楚保险公司拒赔的理由。保险公司在签发理赔决定通知书时，如果理赔结果是拒赔，一定会说明理由。本节案例中的保险公司之所以拒赔，是因为张某在投保前有乳腺结节没有如实告知。如果你认真读了本书前面的章节，一定知道，这样的情况未必不能理赔，存在沟通的空间。

其次，客户对理赔结果不满意，可以提出理赔复议。一般保险公司的理赔决定通知书中会有当事人可以进行理赔复议的提示。如果客户本人不具有复议的能力，可以请专业人士协助起草复议申请。保险公司会根据客户的复议申请进行二次核实，通常还会安排专人和客户进行沟通。

最后，如果经过复议还是没有得到满意的理赔结果，客户还可以进行投诉、仲裁或者诉讼。以我的实践经验来讲，到了这一步，我更建议客户进行诉讼。

▶▶▶ **延伸阅读**

我帮客户草拟的理赔复议申请如下：

××保险公司：

本人郭××（身份证号：××××）系保单号为××××的保险合同的投保人，本人丈夫杨××（身份证号：××××）系保单号为××××的保险合同的被保险人。

被保险人杨××于2021年7月12日在××医院门诊确诊腰椎管狭窄，并于2021年7月26日至2021年8月4日期间在××医院住院手术治疗，病案号××××，符合理赔标准。

贵司于2022年3月1日给本人回复意见，以"被保险人投保前已确诊腰椎间盘突出，且现病情无好转，投保时未如实告知"为由拒绝赔付。本人不认同该结论，理由如下：

被保险人2007年在××医院住院手术治疗的疾病为腰椎间盘

突出症，病案号××××。而贵司健康告知 10.8 中询问的内容是"腰椎间盘脱出"。

腰椎间盘突出的诊断标准为：腰椎间盘纤维环破裂，髓核从破裂处挤出。

腰椎间盘脱出的诊断标准为：突出的髓核与纤维环内的髓核断开，形成独立的突出物。

可见，二者并不等同，且腰椎间盘突出症程度是轻于腰椎间盘脱出症的。

根据《保险法》第十六条第一款的规定，订立保险合同，保险人就保险标的或者被保险人的有关情况提出询问的，投保人应当如实告知。

本人在投保时已经完全按照贵司的询问进行如实告知，请贵司再次评估理赔结果。

申诉人：郭××

2022 年 3 月 22 日

90 理赔结果会受再保险公司影响吗？

某客户投保的重疾险保额是 50 万元，保险公司拒赔。据理力争后，保险公司同意赔付 40 万元，并且说："剩下的 10 万元须由再保险公司赔。如果你们要这 10 万元，再保险公司就会启动调查，他们的调查能力比我们强，如果调查出拒赔的证据，我们这 40 万元也不赔了。"

我说："胡扯！"

▶▶▶ **专业解析**

《保险法》

第二十八条第一款　保险人将其承担的保险业务，以分保形式部分转移给其他保险人的，为再保险。

每家保险公司对每单重疾险的自留保额[①]不同，通常来讲，自留保额就是免体检额度。

《保险法》

第二十九条第三款　再保险分出人不得以再保险接受人未履行

---

① 自留保额：又称自负责任额，是指对于每一保险风险单位或一系列保险风险单位的责任或损失，分出公司根据其自身的财力确定的所能承担的限额。

再保险责任为由，拒绝履行或者迟延履行其原保险责任。

"再保险分出人"就是保险公司，"再保险接受人"通常就是再保险公司（一些财产险公司也可以做再保险业务）。

由于再保险公司保障的是保险公司，并不是重疾险的客户，所以再保险公司的态度不应该影响保险公司对客户的理赔结果。

▶▶▶ **延伸阅读**

我本人供职于保险中介公司，接触的保险公司比较多。

某保险公司的核保人员特别难沟通，只要发现客户的理赔资料有一点"瑕疵"就不给过。而我在保险公司的核保人员眼里是个"刺儿头"，我会用专业的核保理论与他们争辩。

有时候，他们争辩不过我，就说"再保险公司不同意承保"。

事实上，我打听过了，这家保险公司合作的再保险公司并不反对……可能他们觉得我不认识再保险公司的人吧。

其实有些时候，保险公司只是拿再保险公司当成不承保或者不理赔的借口，但这种方法真的好吗？

Chapter

6

第六章

一

常见问题：
退保、回访和其他

91 保险销售人员劝我退保，我该怎么办?

某客户向我抱怨，他的"好朋友"当初在 A 保险公司，极力推荐他投保重疾险，宣称自家产品多么好，他被说服了。

后来，这位"好朋友"到了某保险中介公司，又来游说他，说 A 保险公司的重疾险产品多么不好，让他换产品，他又被说服了。

问题是，他在换产品之前，已经被检查出了甲状腺结节，而他又在不如实告知的前提下换了产品，后来他被诊断为甲状腺癌。结果就是，前面的保险本来能赔，但是被退保了；后面的保险因为不如实告知而没法赔。

现在，他已经把"好朋友"的微信删除了。

▶▶▶ **专业解析**

在保险行业，劝人退保的事还挺多的。多年前，我在上海与一位保险行业的前辈聊天，他说："客户买了 7 年的保单，被业务员劝退换了新单，这业务员太损了。"

在什么情况下，保险销售人员会劝客户退保呢?

保险行业的销售人员离职率较高，一些客户的保单还在存续期间，而当初的保险销售人员已经不在保险行业了。这些保单在保险公司被称为"孤儿单"。

有些保险公司会把"孤儿单"交给在职的保险销售人员继续

服务，但继续服务的回报是很低的。因此，在利益的驱动下，个别"别有用心"的保险销售人员可能会劝客户退掉原来的保单再买新单。

有些保险公司会成立专门的团队对"孤儿单"客户进行服务，但往往保险公司还会要求服务人员对这些客户进行二次开发。所谓"二次开发"，就是再卖新保单。在二次开发指标的引导下，服务人员就有可能引导客户"退旧买新"，甚至有些保险公司会给服务人员培训引导客户退旧买新的方法。

还有一些劝客户退旧买新的销售人员，是从原来的保险公司离职，到另外的公司继续卖保险的。就像本节案例中客户的这位"好朋友"，他从 A 保险公司离职到某保险中介公司，便劝客户退掉在 A 保险公司买的保险。无论保险销售人员通过哪种方式劝客户退旧买新，基本都是因为有利可图。

▶▶▶▶ 延伸阅读

销售人员劝客户退旧买新当然是不厚道的做法，但让我不能理解的是，很多莫名其妙的看客（非保险从业人员）会对身边买了保险的人冷嘲热讽——"你怎么能相信保险呢？保险都是骗人的，买的时候容易赔的时候难……"这使得有些买了保险的人一下子就动摇了。

我建议客户对这种人说："保险我不要了，到时候得了重疾找你借钱，你可别推辞啊。"

92 保险销售人员离职了,谁来服务我?

美国保险之父梅第·法克沙戴被称为"世界保险第一人",他从业 60 多年,服务了客户几代人。但事实上,许多保险销售人员从业不会超过 3 年。从我们国家有保险代理人这个职业开始,一共有 5000 万人进入过保险行业,到现在,估计只剩下不到 200 万人了。那么,他们当初卖出去的保单由谁来服务?

▶▶▶ **专业解析**

买保险,买的是一份合同。这份合同的签约主体有两个:一是投保人,二是保险公司。保险销售人员只是一个中间人,或者说是交易的撮合人,本身不是合同的一部分。当然,我并不是说保险销售人员不重要,一个专业的保险销售人员可以让客户体验更好的服务,但更重要的是保险合同本身。

实务中,保险销售人员离职后,保险公司会很快安排其他人员跟进服务。如果保险公司未能及时安排新的服务人员,客户可以直接拨打保险公司的客服电话咨询。如果客户对新的服务人员不满意,也可以要求保险公司更换服务人员。

▶▶▶ **延伸阅读**

我们在前文中提到过互联网保险，虽然互联网保险的购买过程没有像我这样的销售人员参与，但银保监会发布的《关于进一步规范保险机构互联网人身保险业务有关事项的通知》中，对互联网保险的服务也有着具体的要求：

（1）保险公司应保障每日无间断在线服务，消费者咨询或服务请求接通率不低于95%。

（2）保险公司应为消费者自主购买、自助服务提供全面的技术支持。保险公司客户服务人员可应消费者要求在线提供互联网人身保险业务咨询和服务，交流页面实时展示所属保险机构及客服工号……

（3）保险公司在保险期间内向消费者持续提供在线保全服务，在线保全事项应在申请提交后2个工作日内处理完毕。由于特殊情况无法在规定时限内完成的，应及时向申请人说明原因并告知处理进度。

（4）保险公司接收到投保人、被保险人或者受益人的保险事故通知后，应在1个工作日内一次性给予理赔指导；在接收到被保险人或者受益人的赔偿或者给付保险金请求后，保险公司认为有关证明和资料不完整的，应于2个工作日内一次性通知投保人、被保险人或者受益人补充；在接收到被保险人或者受益人的赔偿或者给付保险金请求及完整材料后，于5个工作日内作出核定，并于作出核定后1个工作日内通知申请人；如遇复杂情形，可将核定期限延展至 30 日。

（5）互联网人身险业务应加强投诉管理，设立在线投诉渠道，接收到投诉后 1 个工作日内与投诉人取得联系，提高办理效率，探索建立投诉回访机制。

…………

93 重疾险投保后,为什么要做回访?

某天跟一位同行吃饭,这位同行说:"每次客户买完重疾险之后,我都会提醒客户会接到保险公司的回访电话,但有些客户觉得太麻烦了——'都买完保险了,为什么还要给我打电话,我很忙,没事别打电话骚扰我。'"

同行很苦恼,每次都要跟客户解释半天。

▶▶▶ **专业解析**

【░░░░】尊敬的营销伙伴,您的客户░░░合同号░░░░,电子回访失败,失败原因:答卷不正确或客户中止回访。我们将于近期联系客户进行电话回访,请知悉。

上午9:26

【░░░░】尊敬的营销伙伴:您的客户░░░的保单已承保并签发(保单号░░░░)。请您及时提醒投保人签收保单回执。公司将会于近期对其进行电话回访(来电显示

客户回访情况截图

以上是近期我的一位客户的回访情况截图。保险公司先在微信

公众号上对客户进行了电子回访,但没有成功,事后又对客户进行了电话回访。

《人身保险业务基本服务规定》

第十五条 保险公司应当在犹豫期内对合同期限超过一年的人身保险新单业务进行回访,并及时记录回访情况。回访应当包括以下内容:

(一)确认受访人是否为投保人本人;

(二)确认投保人是否购买了该保险产品以及投保人和被保险人是否按照要求亲笔签名;

(三)确认投保人是否已经阅读并理解产品说明书和投保提示的内容;

(四)确认投保人是否知悉保险责任、责任免除和保险期间;

(五)确认投保人是否知悉退保可能受到的损失;

(六)确认投保人是否知悉犹豫期的起算时间、期间以及享有的权利;

(七)采用期缴方式的,确认投保人是否了解缴费期间和缴费频率。

人身保险新型产品的回访,中国保监会另有规定的,从其规定。

其实,回访是保险行业"内卷"的结果。回访制度的实行主要是由两部分人造成的:

（1）一部分保险销售人员在销售中误导消费者，导致消费者拿到保险合同后发现合同内容和保险销售人员说的不一样。

（2）一部分消费者投保后反悔了，坚持说被保险销售人员误导了，因为这样可以全额退保费。

这两部分人的存在，导致回访成为一项制度。目前，回访的形式不仅限于电话，还包括微信、邮件、短信等。

▶▶▶ **延伸阅读**

其实保险行业很多看起来"麻烦"的举措，都是一小部分人不按规定操作导致的行业"内卷"。比如，投保过程录音录像，投保分红险、万能险、投连险时要抄写一段表明自己知道利益不确定的文字（见下图）。

| 本 | 人 | 已 | 阅 | 读 | 保 | 险 | 条 | 款 | 、 | 产 | 品 | 说 | 明 | 书 | 和 | 投 | 保 | 提 | 示 | 书 | ， |
| 了 | 解 | 本 | 产 | 品 | 的 | 特 | 点 | 和 | 保 | 单 | 利 | 益 | 的 | 不 | 确 | 定 | 性 | 。 | | | |

抄写文字样式

94 我买的重疾险不合适，能退吗？

我曾遇到过一名网约车司机，和他聊起了保险。他说自己再也不会买保险了，因为他买的保险要十年后才能"返本"，他恨死卖他保险的朋友了。

▶▶▶ **专业解析**

退保是投保人的一项正当权利。购买了重疾险以后，投保人如果后悔了，是可以在犹豫期内"无条件退货"的。保险公司会无息退还投保人所交的保费，只是有可能会扣除 10 元的工本费。即使过了犹豫期，投保人也可以"退货"，因为这是《保险法》赋予投保人的权利。

《保险法》

第十五条　除本法另有规定或者保险合同另有约定外，保险合同成立后，投保人可以解除合同，保险人不得解除合同。

但是，犹豫期后就不能"无条件退货"了，只能退保单现金价值。大多数重疾险合同在初期的保单现金价值是很低的，所以，投保人可能需要承担很高的退保损失。对此，重疾险合同会有相关文字的突出显示。

因此，在签订保险合同之前，投保人要仔细阅读保险条款，考虑好这款重疾险产品究竟是不是自己需要的，如果确定了，就不要轻易退保；否则，中途退保不仅会使自己的钱财受损，还会使自己失去原有的保险保障。

最后，我想和读者聊聊曾在网络上出现的"全额退保"的骗局。那些声称可以全额退保的个人或者机构，把自己包装成"退保中介"，利用某些消费者想要退保又不想蒙受损失的心理，打着"专业维权"的名义，先是套取消费者的保单信息，然后根据设计好的话术向代理人"钓鱼取证"甚至捏造事实，再将这些捏造的内容作为消费者投诉保险销售人员违规销售行为的证据。一顿非法操作之后，"退保中介"帮消费者拿回全额或大部分的保费，再向消费者收取30%~60%的佣金。

如果销售人员真的有不规范的行为，消费者完全可以自己维权，根本不用支付佣金。而且，消费者向"退保中介"披露保单信息的同时，自己和家人的家庭住址、身份证号码、手机号码等个人信息也被泄露了，这也是一种安全隐患。

2019年9月，银保监会向人身险公司下发了《关于报送恶意投诉相关信息的函》，以便了解"全额退保"乱象的实际情况并制定专项治理方案。

▶▶▶ 延伸阅读

在2020年期间，市场上突然出现了众多客户集中投诉退保的事件，并且对保险公司和保险经纪公司造成很大的损失。保险公司怀疑可能有社会上的人员伙同公司内部人员恶意骗取公司佣金,而且涉案金额近千万元。

经审查,上海市浦东新区检察院以涉嫌诈骗罪批准逮捕犯罪嫌疑人85人,后又追捕31人。2020年11月,余某等首批64名被告人被提起公诉。截至2021年2月,已有43名被告人获判。[①]

---

① 浦东检察.保险公司遭遇集中"退保"危机,背后却有一群人赚得盆满钵满[EB/OL].(2021-03-02)[2022-01-30]. https://mp.weixin.qq.com/s/XCV0cjM1d_JeL3cQopkeeA.

95 公务员买重疾险要不要申报？

范女士的丈夫是一名公务员，她想要为自己和丈夫各投保一份终身重疾险。投保前，范女士问保险销售人员："我丈夫是公务员，给他买重疾险没问题吧？"

▶▶▶ **专业解析**

首先，并非所有的公务员都要做财产申报。一般来讲，只有县处级副职以上干部才涉及财产申报问题，但也有一些地区会要求科级干部申报，这个具体以当地的政策为准。

其次，不仅公务员本人买保险需要申报，其配偶及共同生活的子女买保险也需要申报。

最后，不是投保所有类型的保险都需要申报，而是申报人作为投保人且投保的保险是投资型的才需要申报。

所以，公务员投保重疾险是不需要申报的。但我要特别强调的是，市场上有一部分重疾险其实并不是一款单独的产品，而是组合保险产品，产品中包含了重疾险，也包含了其他保险产品。这时候就需要关注一下该组合保险产品是不是包含了投资型保险。对此，我在本书第 66 节中已有讲解。

通常，保险合同中带有"两全保险""年金保险""投资连结型""万能型"等字眼的保险产品，基本上就是投资型保险了。

▶▶▶ **延伸阅读**

中共中央办公厅、国务院办公厅 2017 年 4 月印发的《领导干部报告个人有关事项规定》中有明确的申报规定：

第四条 领导干部应当报告下列收入、房产、投资等事项：

……

（四）本人、配偶、共同生活的子女投资或者以其他方式持有股票、基金、投资型保险等的情况；

……

96 为什么卖保险的人总讲爱与责任,而不好好讲产品?

我在深圳参加过一个论坛,其中一个环节是讨论卖保险要不要讲爱与责任。搞笑的是,一位嘉宾刚开始说卖保险不该讲爱与责任,最后发现自己讲不下去了,改口说保险和其他金融产品不同,还是要讲爱与责任的。

▶▶▶ **专业解析**

据我这个从事保险行业多年的人观察,有些同行卖保险只会讲爱与责任,也许不是他不想讲产品,而是他不会讲产品;还有可能是他懒得学习专业知识,全靠"保险的意义和功用"在卖保险。

我在卖保险时也会讲爱与责任,也曾通过只讲爱与责任就把保险卖出去了。但我还是觉得,卖保险的人首先要懂产品、专业过硬,然后再与客户讲爱与责任。

但保险销售人员不可过分渲染爱与责任。有些同行简直把保险公司讲成慈善基金会了,结果就是客户投保之后发现实际情况与自己的预期相差甚远,导致与保险公司发生了很多不愉快的事。

我认为保险没有多好(不是完美的),也没有多不好。如果有保险,客户出了事就可以理直气壮地找保险公司要钱;但如果没有保险,客户出了事就只能自己想办法渡过难关了。

从某种角度来说，保险是一种尊严。

▶▶▶ **延伸阅读**

我经办过大量的理赔案件，久而久之，甚至有人慕名而来请我处理一些拒赔的案件。

曾经有个案件，我在看过具体情况后发现，保险公司不赔钱是对的。

我问："你为什么要求保险公司赔钱？"

他说："因为得了这个病，要花很多钱。"

我说："你需要钱不是保险公司理赔的理由，保险公司只是在履行合同而已。"

虽然我这么说，但很多时候，理赔的天平都会向消费者倾斜。我想，读者中应该有许多人对这句话深有体会吧。

97 疾病在变化，医疗技术在发展，重疾险合同一旦签订就无法改变，现在买了，将来会不会没用？

2018年5月，赵女士在家中晕倒，经过医院检查后，被确诊为"脑动脉血管瘤"，并采用微创手术进行治疗。6月28日，赵女士将理赔资料交给两家保险公司：一家保险公司正常赔付，且豁免了后期保费；另一家保险公司拒绝赔付，因为这家保险公司的产品合同中约定，"脑动脉血管瘤"必须接受开颅手术或者放射治疗才能予以赔付，而赵女士采用微创手术进行治疗，不符合赔付条件。

虽然经过沟通，这家拒赔的保险公司也正常赔付了，但赵女士心里还是不太舒服——难道为了理赔还必须按照保险合同规定的方法治病？

▶▶▶ **专业解析**

这个问题的答案在银保监会2019年发布的《健康保险管理办法》中有明确规定：

第二十三条　保险公司在健康保险产品条款中约定的疾病诊断标准应当符合通行的医学诊断标准，并考虑到医疗技术条件发展的趋势。

健康保险合同生效后，被保险人根据通行的医学诊断标准被确诊疾病的，保险公司不得以该诊断标准与保险合同约定不符为理由拒绝给付保险金。

2021年1月，中国保险行业协会联合中国医师协会修订了重大疾病保险的疾病定义，许多保险公司立即承诺"择优理赔"，即投保了使用2007版定义的重疾险产品，理赔时也可以选择使用2020版定义。保险公司做出这一承诺正是基于《健康保险管理办法》的规定。

另外，重疾险保障的疾病有很多，但并非都和治疗手段相关，比如瘫痪、深度昏迷、语言能力丧失等。无论医疗技术如何进步，达到这些状态，保险公司都是要理赔的。同时，无论将来出现什么新的疾病，达到这些状态，保险公司也都是要理赔的。

其实，我在本书的其他章节也讲过，重疾险保额的配置不需要一步到位。在实务中，我通常建议客户每隔3~5年做一次保单检视，以便及时增加自身的重疾险保额，这样既可以保证保费支出与客户经济能力的匹配，也可以保证客户买到新的重疾险产品。

▶▶▶ **延伸阅读**

在重疾险理赔中，理赔率最高的是恶性肿瘤，也就是我们说的癌症。2020版定义要求"临床诊断属于世界卫生组织（WHO，World Health Organization）《疾病和有关健康问题的国际统计分类》

第十次修订版（ICD-10）的恶性肿瘤类别及《国际疾病分类肿瘤学专辑》第三版（ICD-O-3）的肿瘤形态学编码属于3、6、9（恶性肿瘤）范畴的疾病"。

在ICD-10中，恶性肿瘤共98个编码，即C00-C97，其中C80是"部位未特指的恶性肿瘤"。从这一点我们可以看出，2020版定义保留了足够的扩展性，考虑了疾病的变化和医学的进步。那么，使用了2020版定义的重疾险合同自然也可以适应将来可能出现的新情况。

98 2021年甲状腺癌变为轻度疾病了，以后会不会有越来越多的重度疾病变为轻度疾病？

2021年1月，借着重疾定义切换的"东风"，大批使用2007版定义的重疾险产品被下架。许多同行一个月卖了几十件甚至上百件新款重疾险产品，超过了平时一年的业务量。

▶▶▶ **专业解析**

首先，并不是所有的甲状腺癌都变为轻度疾病了，在2020版定义中，只是"TNM分期为Ⅰ期或更轻分期的甲状腺癌"变成了轻度疾病。

其次，甲状腺癌变为轻度疾病不一定是坏事。市面上主流的重疾险产品如果首次理赔是重度疾病，则轻度疾病、中度疾病和身故责任都不再赔付，并且其保单现金价值变为0；但如果首次理赔是轻度疾病，剩余的轻度疾病赔付次数、中度疾病、重度疾病和身故责任都继续有效，其保单现金价值也正常增长，还能豁免剩余保费。

再次，2020版定义也并非只把一些重度疾病变为轻度疾病了，还把一些原来不算重度疾病的疾病调整为重度疾病了。比如，心脏搭桥手术在2007版定义中要开胸才算重度疾病，有些保险公司为了满足市场需求，把不开胸的心脏搭桥手术作为轻度疾病理赔；但在 2020 版定义中，心脏搭桥手术不开胸也有可能算作重度疾病。

最后，重疾定义的调整不会影响调整前已经生效合同的效力。现在很多保险公司做出了"择优理赔"的承诺，保证被保险人理赔时可以在两版定义中自由选择。

▶▶▶ **延伸阅读**

如果被保险人持有的是使用 2007 版定义的重疾险合同，被保险人罹患在 2007 版定义中算重度疾病、在 2020 版定义中算轻度疾病的疾病，在择优理赔的条件下，该怎么赔？

可能有人会说，当然按照重度疾病赔了，因为赔得多。但是，我本人就遇到过有被保险人要求按照轻度疾病赔的情况，因为他觉得赔了轻度疾病，之后再得轻度疾病、中度疾病、重度疾病或者身故了，都能赔，而且还能豁免保费。但如果按照重度疾病赔了，以后再得轻度疾病、中度疾病或者身故，就不能赔了。

这充分说明保险是一个实务性很强的行业。

99 夫妻离婚时，重疾险保单如何分割？如果没有分割，投保人是前夫，我该怎么办？

2009年结婚的王先生和刘女士虽然熬过了"七年之痒"，但还是在第八年的时候离婚了。离婚前三年，刘女士为自己购买了一份保额为100万元的重疾险，并指定女儿为身故受益人。

投保的时候，保险销售人员说，即便刘女士离婚，这份保单也是属于刘女士一个人的。现在王先生向法院起诉，主张分割保单，法院会怎么判决呢？

▶▶▶ 专业解析

保险是普通的金融产品，并不具备对抗税务、债务的功能，也不具备"离婚不分"的功能。

以夫妻共同财产投保的保单，其现金价值自然也属于夫妻共同财产，离婚的时候，是要分割现金价值的，重疾险也是如此（实际司法判例中，对于重疾险这种保障功能性强的保险产品，不同的法院态度不一）。

分割现金价值的方法之一是解除保险合同，也就是退保，把现金价值拿回来，两个人一人一半，但这不是最佳分配方案。本节案例中，刘女士如果选择补偿一半的现金价值给王先生，也可以不退保；但如果离婚前作为被保险人的刘女士已经罹患重疾，保险公司理赔的重大疾病保险金就只属于刘女士一个人。因此，我经常开玩笑地说，重疾险是用夫妻共同财产买专属于自己的保额，合法地"转移"了夫妻共同财产。

因为投保人和被保险人都是刘女士自己，如果保单能保留下来，后续的问题就比较简单了，只要刘女士按时交纳保费即可。但是，在实务中更多的情况是，投保人和被保险人分别是夫妻中的一方。在这种情况下，即使保单能够保留下来，后续也可能会出现许多麻烦。

就在不久前，一位客户说她离婚了，她的前夫不愿意继续交保费，导致她的保单失效了，问我该怎么办。

如果投保人和被保险人是夫妻关系，离婚是不影响重疾险合同的效力的。只是他们离婚后，会出现许多现实问题。

（1）离婚后两人仍然是朋友，前夫还愿意做投保人，继续交保费，那就一切正常。这种情况从保险的角度来讲是最省心的，但如果双方各自组建了新的家庭，可能出现新的问题。

（2）离婚后两人仍然是朋友，前夫虽然愿意做投保人，但不愿意继续交保费，被保险人需要按期把保费存到投保人用于支付保费的账户里，不会影响保单效力。这种情况比较理想化，现实中出现的概率不高。

（3）离婚后两人仍然是朋友，前夫主动配合做投保人变更，被保险人自己来做投保人，保单继续有效。这可能是比较常见的情况。

上面提到的三种情况都是比较好的，最麻烦的情况是离婚后两人反目成仇，本着"伤害对方就是对自己有利"的原则来处理保单。实务中，我遇到过离婚后投保人直接退保的情况，也遇到过不交费也不配合做投保人变更的情况。这又该怎么办呢？

《最高人民法院关于适用〈中华人民共和国保险法〉若干问题的解释（三）》

第十七条 投保人解除保险合同，当事人以其解除合同未经被保险人或者受益人同意为由主张解除行为无效的，人民法院不予支持，但被保险人或者受益人已向投保人支付相当于保险单现金价值的款项并通知保险人的除外。

因此，遇到这种情况，被保险人应该先通知保险人（也就是保险公司），同时把离婚时保单现金价值的等额款项的一半支付给前夫，这样就可以了。

当然，被保险人如果通过诉讼的方式来解决，就更稳妥了。

▶▶▶ 延伸阅读

保险的财税属性远比许多人认知的要复杂。比如，本节案例中如果刘女士的重疾险是给女儿买的，那么她在离婚时通过退保的方式分割保单现金价值，显然就伤害了女儿的权益。这时候，女儿可以向法院申请自己做投保人，同时自己拿出和保单现金价值等额的款项来补偿王先生和刘女士。

当然，一般保险公司要求投保人必须成年。如果女儿未成年，法院在实际审理中考虑到保护未成年人的权益，可能也会判决不分割保单。

另外，如果离婚分割财产的官司放在浙江省内的法院判决，浙江省高级人民法院《关于审理婚姻家庭案件若干问题的解答》（高法民一〔2016〕2号）中还有这样的规定：

十五、婚姻关系存续期间，夫妻一方为子女购买的保险，在离婚时可否作为夫妻共同财产予以分割？

答：婚姻关系存续期间，夫妻一方为子女购买的保险视为双方对子女的赠与，不作为夫妻共同财产分割。

实务中，有些从业人员和消费者对于保险的财税属性认知过于简单化、绝对化，这是要不得的。

100 欠了债，法院会强制执行我的重疾险保单吗？

现在，已经有越来越多的人意识到，保险并不能起到"欠债不还"的作用，这当然是好事。但是，还是有许多人觉得像重疾险这样的保障性强的保险，是可以实现"欠债不还"的。有位同行就用这个"道理"卖了很多保险，我只能说："你好好祈祷你的客户不会欠债吧……"

▶▶▶ **专业解析**

保险可以避债，这是谣言。如果欠了债，个人名下的保单该被执行的还是会被执行的。但是，并非所有的保单都会被执行。

如果被执行人是投保人，其保单的现金价值就很可能被执行；如果被执行人是被保险人或者身故受益人，其保单是不会被执行的。我这里说的"保单"，包括重疾险保单。

但是，由于重疾险是一种具有很强的人身专属性的保险，所以针对重疾险，还是有特例存在的。2021年11月，上海市高级人民法院与八大保险机构[①]达成了《关于建立被执行人人身保险产品财产利益协助执行机制的会议纪要》，其中规定：

[①] 包括中国人寿上海市分公司、太保寿险上海市分公司、平安人寿上海市分公司、友邦人寿、工银安盛人寿、泰康人寿上海市分公司、新华保险上海市分公司、上海人寿上海市分公司。

（三）鉴于重大疾病保险、意外伤残保险、医疗费用保险等产品人身专属性较强、保单现金价值低，但潜在可能获得的保障大，人民法院应秉承比例原则，对该类保单一般不作扣划。

但是，这并非全国各地法院都能施行的规定。其他省份的法院还是有可能执行重疾险保单的。

▶▶▶ **延伸阅读**

保险与债务的关系其实很简单，那就是"用自己的钱，还自己的债"。所以，保单会不会被债务牵连，关键要看保单中的钱是不是债务人的钱。

保单现金价值是投保人的资产，如果投保人负债，现金价值就很有可能被执行。如果被保险人负债，由于现金价值不是被保险人的资产，自然就不会被执行。